VALUE-BASED MARKETING

价值营销

以客户价值实现为基准的营销系统
（第2版）

邹新华 ◎ 著

企业管理出版社
ENTERPRISE MANAGEMENT PUBLISHING HOUSE

图书在版编目（CIP）数据

价值营销：以客户价值实现为基准的营销系统 / 邹新华著. -- 2版. -- 北京：企业管理出版社，2024.1
 ISBN 978-7-5164-2984-6

Ⅰ. ①价… Ⅱ. ①邹… Ⅲ. ①市场营销学-研究 Ⅳ. ①F713.50

中国国家版本馆CIP数据核字(2023)第213262号

书　　　名：	价值营销：以客户价值实现为基准的营销系统（第2版）
书　　　号：	ISBN 978-7-5164-2984-6
作　　　者：	邹新华
责任编辑：	于湘怡
出版发行：	企业管理出版社
经　　　销：	新华书店
地　　　址：	北京市海淀区紫竹院南路17号　邮　编：100048
网　　　址：	http://www.emph.cn　电子信箱：1502219688@qq.com
电　　　话：	编辑部（010）68701661　发行部（010）68701816
印　　　刷：	三河市荣展印务有限公司
版　　　次：	2024年1月第1版
印　　　次：	2024年1月第1次印刷
规　　　格：	787mm×1092mm　开　本：1/16
印　　　张：	14印张
字　　　数：	145千字
定　　　价：	68.00元

版权所有　翻印必究　·　印装有误　负责调换

序言

欢迎进入价值营销时代

冷兵器时代的骑射之术在近代工业革命的坚船利炮面前变得不堪一击，被迫迅速退出军事舞台。产品营销亦是如此，曾经被奉为经典的营销模式可能正在迅速过时或失效，新的模式则悄然崛起。而我们，或许依然沉醉在过去的成功之中，并没有看到革新的风暴汹涌而至！

在我们身边，在社会上，在自然界中，总有一些现象匪夷所思，总有一些事物在倏忽之间发生质变，让人难以理解。比如，一些看起来强大的品牌或者忽然间就"倒"了，或者逐渐淡出人们的视线，我们身边某个小微企业，不知为何，忽然大红大紫，火遍大江南北，一两年间，就扶摇直上成为独角兽企业。这是一个变革的时代：经济全球化、高新技术飞速发展、新的商业模式不断涌现。这个时代精彩纷呈，成功和失败的故事每天轮番上演。

柯达、诺基亚、摩托罗拉……一个个曾经灿若星辰的品牌相继暗淡，而那些曾经被认为是金科玉律的营销管理理论也不断被颠覆。营销理论从4P（Product产品、Price价格、Place渠道、Promotion促销）到4C（Consumer顾客、Cost成本、Convenience便利、Communication沟通），再到价值营销的2C2S2A（Choice选择、Cashing兑现、Show展示、Spread传播、Add增加、Audit审计），不断升级迭代（如图1所示）。

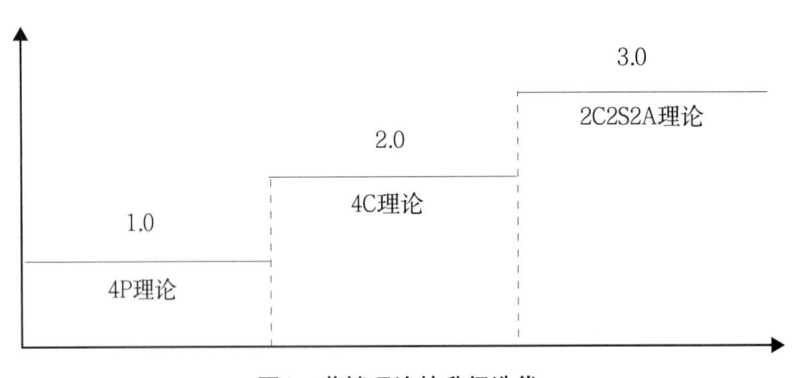

图1　营销理论的升级迭代

4P理论是从企业角度看营销，4C理论是从顾客角度看营销，2C2S2A理论是从价值角度看营销，这种理论迭代背后的逻辑，是从关注企业过渡到关注顾客，最终过渡到关注客户价值。

变革时代，要从纷繁中找到重点，我认为最重要，也经常需要厘清的是"做正确的事"和"正确地做事"。只有解决了"做正确的事"，方向才会正确，才能避免南辕北辙；只有解决"正确地做事"，工作才会有效率，才能事半功倍。本书就是从这两个方面，解决营销工作的方向和效率两大问题。

关于价值营销，有不同的提法，角度不同，观点迥异。从经营的角度来看，经营企业不外乎为了实现股东价值、员工价值、客户价值和社会价值。如果我们把员工价值归入社会价值的范畴，就可以把经营企业的目的归结为实现社会价值、股东价值和客户价值三个方面。从这三个方面出发，价值营销可分为：以社会价值为基准的价值营销，以股东价值为基准的价值营销和以客户价值为基准的价值营销。

以社会价值为基准的价值营销，主要指向公益事业，以社会、自然和人的可持续发展为营销目的。以股东价值为基准的价值营销，营销的目的在于促成股东价值的最大化，而对相关营销战略的评估必须要根据它们能为投资者创造多少价值来进行。以客户价值为基准的价值营销，营销的目的是客户价值的实现，从关注客户价值出发，从而实现企业经营相关方——社会、股东、客户的价值，客户价值的实现是基础，股东和社会价值的实现是结果。本书谈的价值营销，指的是以客户价值为基准的价值营销。

在本书的写作中，我确定了以下原则。

第一，实用原则。希望这是一本实用的书，不堆砌概念，遵循"来源于实践、服务于实践"的原则，只求对营销工作有所帮助。实际上，本书很多章节是由我的培训大纲改编而成的。

第二，简单原则。4P营销理论为什么能大行其道？就是因为其创始人杰罗姆·麦卡锡（Jerome McCarthy）给了我们一个简单的思考框架，简洁而有逻辑。因此，在写这本书的时候，我也遵循了这一原则。我总结的价值营销，只有经典的六个环节：选择价值、实现价值、展示价值、传播价值、增加价值和审计价值，所有营销工作都围绕这六个环节展开。

第三，聚焦原则。每个人的成长阶段不同，工作内容就不同；企业的发展阶段不同，工作重点应该也不同。希望这本书能建立一个这样的概念——在不同的营销岗位上，关注不同的重点，聚焦重点工作内容，分工明确，重点突出。基层营销工作者应重点关注展示价值、传播价值和增加价值三个营销环节；中层营销管理者应重点关注实现价值、审计价值和增加价值三个营销环节；高层营销管理工作者则要把主要工作放在选择价值、实现价值和审计价值三个环节上。不同岗位有不同的聚焦重点。

第四，普遍原则。希望这本书不仅在我从事的行业有价值，而且能有一定的普遍适用性。事实证明，这本书的理念是可以复制的，我们最先在农业类企业实施，取得了成功，后来，我们在制药、珠宝和快消品等不同行业导入，也都取得了不错的经营业绩。

本书共三篇，第一篇主要分析新时代的营销趋势；第二篇提出价值营销的概念及特征；第三篇讲述价值营销的方法。本书不仅适合刚进入营销行业的基层工作者，对中高层营销管理者也都有很好的指导作用，对在校学生来说也是一本很好的营销学教材。希望阅读本书给您带来愉快的体验。

目录

第一篇 营销趋势 — 1

第一章 供给过剩阶段的营销变革 — 2
那些年,我们一起追过的品牌 — 2
传统营销模式效率递减 — 4
流量越来越贵,引流越来越难 — 6

第二章 消费者主权时代的营销理念 — 9
多变的消费者行为 — 9
消费者信任机制由单向变成立体 — 12
营销理论进入3.0阶段 — 14

第三章 互联网对营销环境的影响 — 17
客户价值与市场的改变 — 17
互联网影响下的行业生态 — 19
营销在互联网时代的变化 — 21

第二篇	营销概念	23
第四章	市场营销理念的变迁	24
	历史上的营销理念总结	24
	市场营销理念发展的几个阶段	26
	进入价值营销时代	28
第五章	价值营销的定义与模型	31
	工业品客户价值解析	31
	消费品客户价值解析	33
	以客户价值为基准的营销系统	34
第六章	价值营销的特征	39
	价值营销的导向	39
	价值营销的"价值锚"	43
	价值营销的应用场景	45

第三篇　价值营销经典六循环 _____ 49

第七章　选择价值　50

寻找"甜蜜点"　52

挖掘价值关系　54

分析价值潜力面　57

构建价值体系　59

价值调研的步骤与方法　63

"价值锚"的形成　72

【案例讨论】真功夫：营养还是蒸的好　75

第八章　实现价值　83

"价值锚"的锚定　85

"价值锚"的符号化　89

价值量化　91

客户价值内部交付　95

客户价值过程管理　99

【案例讨论】年份原浆助推古井重返徽酒之巅　102

第 九 章	**展示价值**	109
	价值的换算、演示、例证与评估	111
	销售环节中点对点的价值展示	119
	销售环节中点对面的价值展示	121
第 十 章	**传播价值**	128
	渠道：价值传播的主体	130
	线上：制造价值传播点、网络推广、口碑营销	136
	线下：学术、关系、会议与展会、POP管理	144
	【案例讨论】农夫山泉："有点甜"的水	147
第十一章	**增加价值**	155
	为产品增值	156
	为客户增值	160
	为渠道增值	162
	为组织增值	168
	【案例讨论】星巴克以服务打造"第三空间"	170

第十二章	审计价值	180
	产品价值审计	182
	渠道的调研与价值审计	187
	顾客价值感知审计	191
	组织价值审计	193
	价值审计和价值衍生	194
	【案例讨论】洽洽瓜子中国台湾市场再激活	197

参考资料	207
致谢	208

第一篇
营销趋势

【 综 述 】

本篇主要从供给过剩、消费者主权及互联网发展三个方面分析营销在新时代受到的冲击。

● 供给过剩阶段的营销变革

● 消费者主权时代的营销理念

● 互联网对营销环境的影响

第一章　供给过剩阶段的营销变革

【导读】

何谓供给过剩？一方面，消费者的选择太多了，产品难以有效区分；另一方面，消费者两极分化，产品难以弯道超车。这给各类产品的既有经营模式带来了空前挑战。

供给过剩时代，市场环境发生了怎样的变化？

传统营销模式还能继续吗？

所谓流量会发生怎样的变化？

那些年，我们一起追过的品牌

1998年，诺基亚生产出其第一亿部手机，登上了全球手机"老大"的宝座。而到了2011年，诺基亚销量锐减，债券评级下降，股价大跌，市值萎缩，昔日的王者不得不靠裁员和高层洗牌应对企业的全线崩盘。仅十几年时间，诺基亚从顶峰滑向了谷底。如今，诺基亚几乎淡出了人们的视线。

近四十年前，健力宝随中国体育代表团出征第23届奥运会，一夜红遍大江南北，被誉为"中国魔水"，成为当时国内运动饮料的先驱者。但随着时代的发展，沿用当年营销手段的健力宝不再一枝独秀，必须探索新的营销路径。

英雄钢笔曾在中国钢笔行业中脍炙人口，成为业内领头羊，远销六十多个国家和地区。同时，许多影响历史的重要文件都是用英雄钢笔签字的，其品牌价值可谓无价。但是，英雄钢笔还是开始迅速衰败，甚至不得不低价出售股份。

这样的品牌案例，还包括我们耳熟能详的爱多、巨能钙、五谷道场、美加净、乐百氏，等等。有数据统计，1999年，市场上活跃的白酒品牌超过三万个，2012年减至一万多个，63%的白酒品牌消失了。曾经有数据显示，每年中国服装市场约有两千多个品牌被淘汰，平均每天有6个服装品牌被淘汰，每个品牌的平均寿命只有短短的4小时。看完这些数据，不免让人心里有股说不出的滋味。在我们身边，在社会上，在自然界中，总会有一些现象匪夷所思，总有一些事物在倏忽之间发生质变，让人难以理解。一个看起来强大的品牌或者忽然间就"倒"了，或者逐渐淡出人们的视线；我们身边某个小微企业，不知为何，又能忽然大红大紫，火遍大江南北，一两年间，就扶摇直上成为独角兽企业。

我们正在进入一个"跨界打击"的时代，技术为之提供了实现手段，资本为之提供了可"烧"的资金，"草根逆袭"成了万众喝彩的佳话，"海盗精神"成为备受推崇的商业风格。新时代下，谁最可怕？"外行"比"内行"更可怕。"内行"是行业内的竞争对手，其一举一动都在我们的掌握之中，只要有一点风吹草动，我们立刻就能反击。可怕的是那些我们看不到的"外行"，是行业外的随时准备跨界打击的对手。就像滴滴打车与神州专车"互撕"，结果是汽车广播行业集体"中枪"。汽车广播可能想过一千种"倒下"的原因，可是终究没有想到会"倒"在打车软件的手上。我们害怕的不是被竞争对手超越，而是连竞争对手是谁都不知道。各行各业都面临跨界而来的"打击者"，原来建立的"地盘"正在受到威胁，原来建立的结构正在受到冲击。看着仓库里满堆的滞销产品，曾经意气风发的企业主只能哀叹：产品难卖，生意难做！

传统营销模式效率递减

改革开放四十多年来，中国市场经历了短缺、不足到过剩三个阶段。中国市场从短缺起步，改革开放开始后，出现四大排浪式的需求——轻纺工业、家电产业、基础设施建设和汽车住房，四大排浪式的需求支撑了中国过去几十年的高速发展，堪称奇迹。

过去的几十年里，机会爆发，商机涌流，市场短缺，需求旺盛，处处都是新产品开发的机会。20世纪下半叶提出的经典的4P营销理论，从企业营销的产品、价格、渠道和促销四个维度出发，对市场短缺时代的企业产品开发实践发挥了积极作用。然而，随着千军万马竞争者杀入市场，跑马圈地式的扩张模式逐渐式微，各行各业都有人占据了"桥头堡"，利于产品开发的4P理论，此时就如同"补药"，但越补越伤，逐渐显现其局限性。这个时候，定位理论对企业的竞争行为显得更为有效，开始广受企业的欢迎。定位理论的核心方法是STP，即S（Segmenting）——细分市场、T（Targeting）——选择机会、P（Positioning）——做出定位。在市场需求逐渐被填补，但仍存在空白机会的时候，定位理论发挥了巨大作用，它的核心思想是要找到细分市场机会，并进行差异化的定位，并将这种差异化的定位植入消费者的心智当中。

随着近年经济日新月异的发展，通过细分市场进行差异化竞争的理论有时候"失灵"了：任凭市场如何细分，产品或服务如何差异化，顾客还是记不住你的产品，也不买你的账。产生这样的现象并不是顾客的原因，而是经济发展与市场竞争所致，是社会进步的必然结果。物资匮乏时代，供小于求，企业只要有一个差异化的概念，顾客便能记住和购买。可时过境迁，商业环境发生了翻天覆地的变化，仿佛一夜之间顾客便掉进了商品的海洋。繁多的商品正一层一层地包裹着顾客，在同一市场里，相同类型或者相同功能的产品有时会多达上千种。

一家普通的大型超市大约有五万种商品，而一名顾客只需要其中不到两百种就能满足日常生活，这说明对某一名顾客而言，这家超市约99.6%的产品会被忽略。过去以企业为主导的卖方市场已经转化成今天以顾客为主导的买方市场。经济日益全球化的今天，企业竞争的市场无限放大，这意味着新产品一问世就马上面临着与全世界产品的竞争。顾客的需求有限，每天却有无数产品不停涌现，激烈的竞争使产品生命周期大大缩短。竞争越激烈，市场细分也就愈加深入，然而，即使企业细分出再微小的市场，也有众多的对手虎视眈眈。今天，几乎已经没有了空白市场，过度的市场细分已经使企业几乎无处可去。（如图1-1所示）

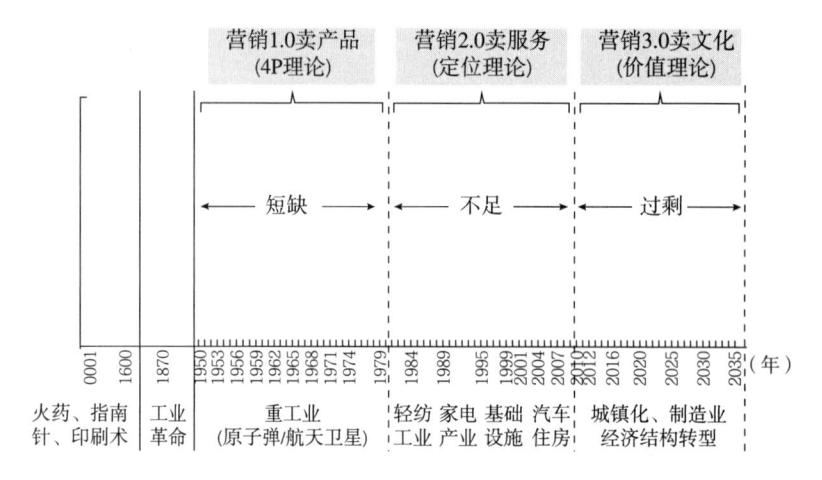

图1-1 经济发展阶段与营销理论演变

流量越来越贵，引流越来越难

古代靠人口聚集形成村落、城镇；近现代在繁华路口开展商业活动，路口要道变成商业中心，随着水上运输业的发展，港口码头成为商业重镇；互联网时代发展到做好SEO（Search Engine Optimization，搜索引擎优化）就能获取很高的转化率，这些现象背后都有一样东西在支撑——流量，有人气的地方就有机会。如今，产品供给过剩，竞争过度激烈，新媒体兴起，用户获取信息的能力大大提升，都使流量变得越来越贵，引流越来越难。

受电商冲击、房租上涨、人力成本高涨等因素的影响，实体店的经营一直承受着巨大的压力。以连锁百货为例，早在2010年到2015年，销售增长就已经逐年下降，分别为21.0%、12.0%、10.8%、9.9%、5.1%和4.3%（如图1-2所示）。从引流成本上看，维护一名消费者的营销费用仅是吸引一名新消费者的五分之一，引流的困难越来越大。

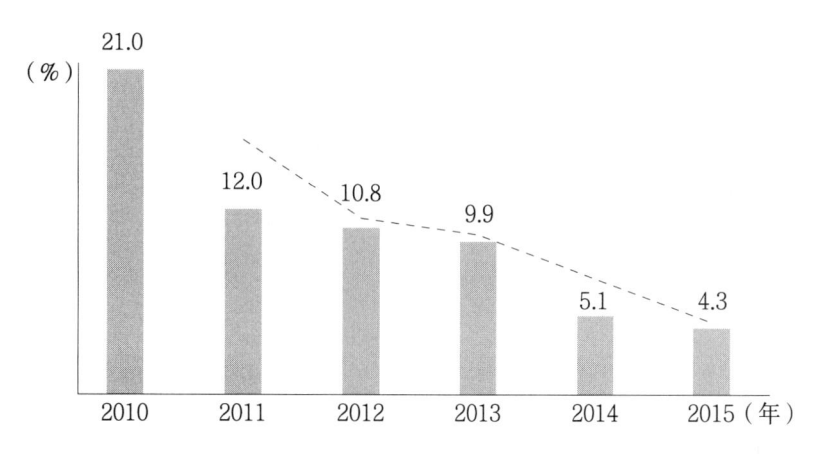

图1-2　2010—2015年连锁百货销售增长率

电商领域总体的流量基数放缓，传统电商店铺之间竞争越来越大。较早的时候，开网店相对比较容易，只要产品合适，再加上平台的基础推广，就能运营得不错。但是现在，往往是小卖家经营不下去，中等卖家赚不到钱，大卖家一不留意也会陷入僵局。对中小卖家来说，依靠参加各种促销活动显然难以维系。无论是百度的竞价排名还是淘宝的店铺推荐位，B端商家们要想得到巨头的流量支持必须付出更高的溢价。2012年的时候，淘宝商家在移动端每卖出100元的商品，需要支付0.44元的广告费，到了2015年，同样卖出100元的商品，广告费已经涨到2.39元，三年时间，费用提高到5.4倍。这样的变化使我们必须深入思考营销变革的问题。

第二章 消费者主权时代的营销理念

【导读】

当我们还在惊呼淘宝商家取得的惊人战绩时,被告知这已经是传统的电商形态了,以微商、直播带货为代表的新电商再次改写了我们对互联网时代的理解。当我们还在倾心研究PC端营销推广的时候,发现移动互联重新定义了互联网相关的营销工作。如何在快速变化的时局中洞见未来的规律?又如何理解互联网思维?读完本章之后,至少能够找到以下问题的答案。

消费者行为在售前、售中、售后发生了哪些变化?
消费者主权时代,信任机制发生了怎样的变化?
营销进入了怎样的时代?

多变的消费者行为

曾经,七匹狼、家乐福相继减少了营业店面,我们不禁吃惊,这些传统的营销专家出了什么问题!仔细分析,原因应该来自两个方面。

其一，在前些年高速发展的环境下，尤其是伴随着商业地产的超常规发展，零售品牌开始大量"跑马圈地"，但过程中难免忽略对终端质量的把握。当发展形势发生变化后，租金成本的上升，人力成本的上升，综合毛利率的下降，都使这些企业的生存变得艰难。

其二，消费者的消费行为发生了转变。消费者从对电子商务带着好奇和一点不放心，到逐步形成消费习惯，催生了大量互联网品牌诞生，并不是消费者的消费能力下降了，而是被新生的品牌分流了。过去常出现被新的商业中心分流，现在变成被网络零售终端分流。

如果说原因二是我们需要重点关注的因素，消费者行为发生的转变无疑是最重要的部分。

售前

曾几何时，消费者已然将线下实体店当作售前平台，我们看到一篇2012年的报道，40%的鞋服消费者去线下商店只是为了考察商品，之后在网上购买，实体店成了商品展厅。

反向来看，互联网也成了许多消费者进行消费前调查的平台。从家装建材及家电行业来看，传统门店承担着品牌宣导和消费者消费前调查对象的角色，然而，随着网络信息日渐丰富，越来越多的消费者改为通过网络搜索比价的形式进行消费前调查，实体店成了消费者提货的仓库。

如此，不难想象那些在核心商圈支付着巨额房租的商家在成本上与电商企业对比所处的劣势。以京东为例，京东2014年上市时披露的信息显示，京东的库存周转率为20天到30天，并能将供应商的账期控制在40天以内，而当时传统零售商的这一数据则分别是50天和90天左右。

售中

与传统零售企业周末旺销的特点不同，电商企业的交易高峰期通常在周一和周二，足不出户，甚至是上班时间购物，是电子商务的一大便利。

早在2017年，中国互联网普及率达到55.8%，互联网上网人数7.72亿，其中手机上网人数7.53亿，虽然在互联网普及率上低于美国，但上网人数绝对值远超美国。2017年，中国网络零售额达到7.18万亿元人民币，同比增长32.2%。"双十一"指每年11月11日的网络促销日，"双十一"成了著名的商标。

随着移动互联网的进一步推广，消费者已经不需要坐在电脑前进行交易和支付了，通过智能手机的应用程序，可在任何场合进行交易和支付。2017年，中国的智能手机普及率已经达到75%，顾客消费行为的转变已经引起商家重视。

售后

如前所述，消费者的话语权在随着电子商务的发展得到了加强，如果说过去失去了一个客户，只会连带失去这个客户身边的圈子，那么现在客户所拥有的评论、传播权力，则无疑能产生更大的影响。

这样也就不难理解为何众多电商品牌将推广视为比销售更重要的工作。顾客的一个好评会带来更大的传播效应，售后，已经成为再销售的一个重要环节，这一点与我们增加价值环节所提倡的理念是不谋而合的。

消费者信任机制由单向变成立体

新兴技术不断发展，产品迭代日新月异，移动互联网改变了人们的生活方式，消费者信任机制也发生了翻天覆地的变化。

过去，没有互联网，消费者无法组织起来，商家和消费者之间信息不对称，消费者处于弱势。消费者对商家所售产品的认知大都来自商家的单向传播，商家说什么，消费者就只能相信什么。现在，互联网改变了人与人之间的联系，改变了信息传播的方式。一部手机可以让消费者快速相互连接，形成消费者社群。消费者开始相信社群成员的口碑和评价，而不再相信商家的营销。消费者的信任机制由单向变成立体，决策参考的信息来源变得更加多元（如图2-1所示）。

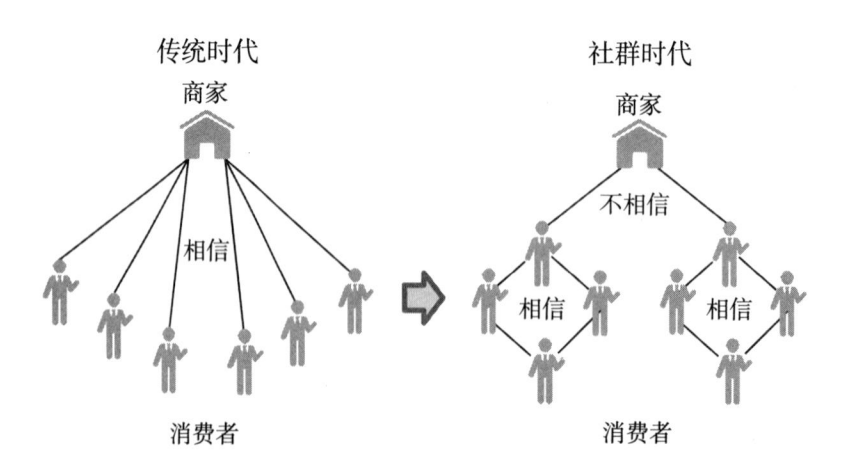

图2-1 传统时代和社群时代消费者信任机制

传统时代的商业逻辑是从流量开始的，比如开一家店铺，我们要选择一个好的地理位置，目的是获得更多的人流量，顾客进店率越高，成交率自然就高，所以要通过把顾客引流进店促进销售。社群时代的商业逻辑并不是从流量开始的，而是从口碑和评价开始的，消费者看到商家的广告，大都抱着质疑的态度，通过搜索引擎看网上的评价，在社交平台询问熟人的意见，都能让消费者形成自己的判断，熟人的推荐则更能让消费者形成购买决定。

产品供给过剩、竞争过度、消费者信任机制由单向变成立体等变化让我们能够明显地感觉到，曾经令我们获得成功的营销模式开始失效了，曾经有效的经验方法开始失灵了。用一句话总结：今天的营销环境从终端为王时代，进入了消费者主权时代。过去，大家提倡的"路路通"实际上是"终端为王"思维下的流量拦截，未来"路路通"要变为"人人通"，"人"就是消费者。

目前环境下单纯做好终端流量拦截已经不够了，在消费者主权时代，消费者越来越有话语权。在这样的环境下，营销竞争的本质实际就是拉近与消费者的距离，就是比赛谁离消费者更近，离消费者近者得天下！消费者的口碑将成为一切产品的生命线，口碑的好坏决定了产品生命周期的长短，那些没有口碑的产品将生存维艰。很多商家过去只注重"路路通"，注重引流，而不注重口碑，不注重"人人通"；只注重"跑马圈地"，而不注重精细化运营。消费者主权时代来临了，引流越来越难，转化也将越来越难，不去贴近消费者，迟早被时代淘汰。

营销理论进入3.0阶段

我们的市场上有这样的现象，一面是产品泛滥，低价值产品过剩，另一面是大量消费者选择到国外扫货、淘货。这说明供给侧和需求侧之间出现了严重的错位。面对市场需求的倒逼，我们的市场迟早要迎来一场产品创新和品牌升级的剧烈运动。

其实这场运动早已悄然展开。海尔创始人张瑞敏说过：没有成功的企业，只有时代的企业。同样，产品营销也没有永远的成功理论和方法，只有时代的理论和方法。这场产品创新与升级的运动，不会是以企业为主导的运动，营销将由传统的B2B（Business to Business，企业对企业的营销关系）模式、B2C（Business to Customer，企业对消费者的营销关系）模式变成C2B（Customer to Business，消费者到企业的营销关系）模式，也就是说，这场运动将是以消费者为主导的运动。越来越多的企业邀请消费者参与自己的产品研发和设计，组织的内外边界消失，4P理论、定位理论在这场运动当中的作用有限（如表2-1所示）。

表2-1　营销进入3.0阶段

营销阶段	营销1.0	营销2.0	营销3.0
营销主题	卖产品	卖服务	卖价值
市场环境	短缺（供<求）	平衡（供=求）	过剩（供>求）

续表

营销阶段	营销 1.0	营销 2.0	营销 3.0
营销模式	B2B	B2C	C2B
营销理论	4P 理论	STP 定位理论	价值理论
营销核心	产品开发	差异化定位	价值锚
主要诉求	功能	功能和情感	功能、情感和价值

在产品过剩时期，产品的功能、服务、质量都变成竞争的必要条件，消费者选择产品会更加感性，更加注重情感共鸣和精神认同。营销1.0是卖产品，营销2.0是卖服务，营销3.0则是卖价值，营销3.0时代是围绕消费者价值驱动的营销时代。

营销1.0阶段，企业面对的市场环境是供不应求，主要的经营理论是4P理论，营销的核心是指导企业开发新产品，主要的诉求是产品功能，如舒肤佳开发一款除菌香皂。

营销2.0阶段，企业面对的市场环境是供需平衡，主要的营销理论是STP定位理论，营销的核心是要找到细分市场机会，进行差异化定位，核心诉求是功能和情感，七彩云南提出"名门普洱，七彩云南"就是定位于"名门"。

营销3.0阶段，企业面对的市场环境是供过于求的竞争和强大的消费者主权。产品供给过剩，消费者的话语权越来越大，企业营销将一切以"满足消费者价值"为导向。这个阶段的核心理论是价值理论，营销的核心思维是"价值锚"。"价值锚"锁定的是消费场景，当消费者经历某个场景或者要完成某个任务时把你的产品作为首选，你就成功了。例如，吃上火的东西时会买一瓶王老吉；要加班熬夜时会买一瓶红牛；要和朋友谈点事情星巴克见……营销3.0围绕场景塑造价值认同，主要诉求不只是功能和情感，还要拥有魅力人格体与核心价值观，如此才能获得消费者的精神认同。

第三章　互联网对营销环境的影响

【导读】

多年以来，听到最多的一句话便是"传统企业需要具有互联网思维"，而关于到底什么是互联网思维，也已经有了各种解读。对营销来说，我们真实的感受是，互联网的发展让这个世界连接更加紧密，信息流动更加充分，消费者的话语权也开始发生了转变。

互联时代的客户价值发生了哪些微妙的变化？
互联网时代市场的构成有何不同？
互联网时代各行各业的生态有何变化？
营销会因为互联网的发展有哪些进化趋势？

客户价值与市场的改变

在互联网时代，随着消费者生活习惯的转变，以及竞争环境发生的变化，客户价值的范畴也在不断演绎、进化，在这里我们从三个方面分析客户价值在这个时代发生的变化。

功能性价值方面

出现了更多附加价值、增值信息服务的需求，尤其是伴随着信息技术的进步，消费者对速度的要求开始变得更加严格。我们可以看到航空公司的微信服务号提供了许多新的功能应用，航班信息查询、网上值机、网上改签机票等已经是最基本的功能。

心理性价值方面

"有用"之外，客户开始出现趣味化的要求。客户不再局限于品牌形象带来的心理价值，开始更多关注品牌以及附加文化带来的趣味性体验。比如一些品牌会通过对热门事件的关注与另类解读与客户沟通互动，给客户带来更加"有趣"的心理价值。

效能性价值方面

移动互联网使客户的消费行为可以更加方便地实现，碎片化的时间得以充分利用，无论是信息采集，还是交易与支付，碎片化趋势已经不可抵挡。另一方面，企业通过对信息的集中专业处理，又可以主动发起新一轮的营销活动，如通过大数据分析进行的信息主动推送等。

电子商务对传统商业的挑战，也可以理解为虚拟物业对传统物业的挑战，当传统商业场地的租金越来越高，商业渠道成为霸权一方时，电子商务的产生提供了另一个交易的平台。

传统的平台威权被解体。以超市为例，传统超市以前台毛利和经常费用等作为收入来源，一些商家被此类费用挡在门外，若再加上无力支付独立店的房租，这些商家在渠道上就完全不具有话语权。新的市场则为这些商家提供了新的平台。

在这个平台上，供方的价值会被重新评估，由于平台上的多方可以互为桥梁，一些具备发展潜力却不具有当下盈利能力的企业，可以通过平台改善自身的价值供应能力。比如京东与腾讯，通过平台两端的合作，使改变向平台对面消费者提供的价值成为可能。同样，需方价格在这一平台上也在发生变化。多方参与博弈之后，会有人为价格部分甚至全额买单，比如打车软件的推广活动为消费者改变支付价格。

这些基于交易平台发生的改变，使我们需要在营销过程中更多关注消费者以及我们与消费者的关系，与消费者建立关系的途径不再局限于自身的产品，而是包括所有与消费者可能的连接端口。正因为如此，我们开始看到越来越多的跨界营销，小米卖起了空气净化器，谷歌开始涉足汽车，等等。

互联网影响下的行业生态

互联网影响的不仅是宏观环境，还包括我们身边每一个具体的行业，这里挑选几个与我们日常生活较为密切的行业简单分析。

消费电子

互联网释放出了消费电子类产品巨大的创新动力，互联网在扩大市场消费需求的同时，也帮助该行业提高了生产效率。

消费电子类产品的一些个性化趋势，同时也会影响周边行业，比如苹果手表曾推出黄金材质的款式，其对黄金的需求对相关行业产生了一定影响。

房地产

当下的购房者和租房者越来越倾向于在网上搜索理想居所。电子商务平台提供开发商、经纪人和个人房东的信息，以及广告和搜索功能，可以优化房地产信息搜索和交易成本，降低营销成本。从更广阔的视角看，互联网正在塑造商业地产的需求，小到商业地产中无处不在的免费Wi-Fi，大到网络主题的商业地产定位，互联网已经在实实在在地改变着房地产行业。

汽车

从成本控制角度，麦肯锡与中国汽车厂商的合作显示，业绩最好的企业的库存周转速度比最差的快了5倍，通过对信息技术的掌握，汽车产业可以合理控制库存与物流成本。互联网还能够帮助汽车制造商管理持续攀升的营销成本。特斯拉这样的新一代汽车，谷歌无人驾驶汽车的研发，又给这个行业带来新的变化。

金融

随着互联网金融发挥越来越大的影响力，金融业竞争日趋激烈。互联网降低了金融交易成本，也降低了理财投资的门槛。因为互联网工具在金融领域的广泛应用，资本配置将更有效率，从而为其他行业创造更多机会。

医疗卫生

医疗信息网络可以将大医院和社区诊所联网，协调转诊和治疗。远程医疗和远程监测在病人和几百千米之外的医学专家之间建立起全新的联系，一定程度上缓解了医疗资源的不平衡问题。

互联网改变着我们身边一个个行业，进而影响我们的日常起居，这一切相互交融演绎，使我们不得不时刻留意关联行业的变化，继而调适我们的营销战略与手段。

营销在互联网时代的变化

伴随着信息技术和互联网的发展，我们认为营销会在以下几个方面发生变化。

更多零散的客户价值点被发现

通过对数据信息的快速捕捉，将会有更多零散的客户价值点被发现，与此同时，会开始出现对产品迭代的显著要求，研发与创新将不再是一蹴而就的行为，而要伴随产品全周期不断改进与提升。例如，在社交媒体的进化上，任何对消费者行为变化把握上的偏差，都可能造成产品的市场占有率下降，企业需要对消费者进行更加深入持久的分析并落实到产品。

口碑传播的价值放大

口碑传播是用户个体之间关于产品和服务看法的非正式传播，其重要特征是可信度高，因而会对消费者的决策产生很大作用。

草根意见领袖的崛起

伴随着传统媒体衰落的是自媒体的兴起，传播的方式在发生变化，去中心化时代，草根领袖、网红等崛起。价值展示的手段开始多样化，充分利用新兴科技手段，能够使企业占得先机。

增值服务可能成为发起营销活动的起点

与消费者对趣味性、丰富性的追求趋势同步，增值服务可能成为发起营销活动的起点。企业的公众号不再只是企业宣传的平台，更是信息整合的平台，通过发布消费者感兴趣的信息夹带"私货"成为普遍的营销手段。

快速迭代下的高效率评估

与社交媒体伴生的是外勤软件的进化，过去需要通过实地进行市场价值评估的工作，不少已经可以通过软件来实现。例如，渠道和终端的实际价值实现程度，在营销过程中已经可以较好地掌握，这对企业的反应速度提出了更高的要求，需要企业从过去"干完看看"转变为"边干边看"。

第二篇
营销概念

【 综 述 】

本篇的主要内容是价值营销的概念提出、模型分解与特征分析。

- 市场营销理念的变迁
- 价值营销的定义与模型
- 价值营销的特征

第四章　市场营销理念的变迁

【导读】

市场营销作为一门学科有其发展历程，除了营销策略应用层面的变化，其理念在不同阶段也有更替、进化。本章主要说明市场营销理念各阶段的演变过程，读完本章之后至少应该理解以下几个问题。

为什么说市场营销是一门古老又年轻的学科？
市场营销的理念发展主要经历了哪几个阶段？
价值营销理念与之前的营销理念有何区别？

历史上的营销理念总结

在科学家知道火是可燃物与氧气发生的反应之前，人类已经有了上百万年使用火的历史，市场营销也一样，虽然这是一门年轻的学科，但在历史上已经有了许多营销行为和理念总结。

市场营销作为一门学科存在，不过一百多年的历史，其成长历程伴随着资本主义市场经济的发展，尤其是第二次世界大战以后，随着市场经济日趋成熟与社会生产力的快速提高，市场营销理论不断进化。与此同时，诸多技术和生产力要素完成了军转民，实现了社会物质的更大丰富，消费者的选择开始增多，市场供需关系发生变化，并倒逼市场营销理论的发展，使之成为管理领域的一门重要学科。

虽然这门学科历史较短，但市场营销行为确实长期存在，可谓"有人的地方就有市场，有市场的地方就有市场营销"。在这长期的营销实践的过程中涌现了许多理念总结，包括"货真价实""酒香不怕巷子深""童叟无欺""修合无人见，存心有天知""欲从商，先为人"，等等。

"货真价实"，我们可以将之理解为朴素的、站在生产角度出发的营销理念，若是细分成营销组合，可以归纳为产品和价格两个要素的组合。"酒香不怕巷子深"是典型的对产品竞争力的描述，认为产品力可以克服渠道劣势。"童叟无欺"可以理解为一种沟通方式，归入4C组合中的消费者沟通。"修合无人见，存心有天知"是北京同仁堂的一副对联，我们一方面可以将之理解为把工作视为信仰，另一方面可以将之解释成产品的好坏最终会在市场上被"看不见的手"掌握，这是一种市场观点的营销理念。"欲从商，先为人"也是中国古代商训，被著名的徽商胡雪岩奉为生意指南，他还提炼出"商道即人道"，认为经商首先是人与人打交道，从商先做人，做人先讲诚与信，讲诚信才可以从商立事，这种理念除了蕴含个人品牌意识，可以说已经具备了社会营销的基本概念。

了解这些理念,并不是为了证明我们的老祖宗多么具有预见性,也不是为了争论到底谁是营销学的鼻祖,而是通过这些归纳与联系,让我们可以从更加接近日常生活的角度去理解市场营销的理念,化解一些理论的晦涩,从而达到融会贯通,举一反三的目的。

市场营销理念发展的几个阶段

对市场营销理念的发展进行阶段划分,有利于我们研究不同的营销学观点。目前对市场营销理念的阶段划分有五阶段和六阶段两种说法,主要差异点在于是否包含"大营销"这个营销理念,我们在这里将其余五个阶段与前文的五句熟语一一联系并说明。

生产导向理念——货真价实

市场营销学诞生初期,通常指19世纪末到20世纪初这一阶段,这一时期市场需求旺盛,社会产品供应不足,企业的主要精力都放在提高生产效率和扩大生产分销能力上。这一背景下的市场营销,一般被认为是"重生产,轻市场"时期,即只关注生产发展,不注重供求形势的变化。这种指导理念下,福特提出了"只生产黑色轿车"的营销主张,在特定阶段抓住了市场上的主要矛盾,取得了较好的成效。

产品导向理念——酒香不怕巷子深

经过前期的培育与发展,消费者开始更喜欢高质量、多功能和具有某种特色的产品,企业也随之致力于生产优质产品并追求精益求精。因此这一时期的企业常常着重自己的产品，并不太关心产品在市场上是否受欢迎，市场上是否有替代品出现。在产品导向理念的具体营销组合中，4P组合较受大众推崇，放在今天，这种理念仍不显得过时。比如，在互联网时代又有许多企业开始重视精益求精的产品品质，认为做好产品是企业的最核心工作。由此可见，各种理念并无本质上的优劣之分，更重要的是不同环境下的运用。

销售导向理念——童叟无欺

销售导向理念亦称推销理念，在全球性经济危机时期，消费者购买欲望与购买能力降低，而市场上商家滞销货物已堆积如山，企业开始搜罗推销专家，积极进行促销，以各种广告和推销活动说服消费者购买企业产品或服务。

市场导向理念——"修合"

市场导向理念提倡以消费者为中心，比较明显的特征是在营销组合上从4P转向了4C。这类理念的产生主要是第三次科学技术革命兴起，研发受到重视，加上第二次世界大战后许多军工产品转为民用，使社会产品增加，供大于求，市场竞争开始激化。这个背景下，消费者虽然选择面广，但并不清楚自己真正所需，于是企业开始有计划、有策略地制订营销方案，希望能正确且快捷地满足目标市场的需求，以达到打压竞争对手，实现企业效益的双重目的。

社会导向理念——人商合一

社会导向理念亦称社会营销理念，由于企业过度运营带来的全球环境恶化、资源短缺，忽视社会服务，加上人口爆炸等问题日趋严重，企业开始以消费者满意和消费者及社会公众的长期福利作为企业经营的根本目的和责任，提倡企业社会责任。这是对市场营销理念的补充和修正，同时也说明，理想的市场营销应该同时考虑消费者的需求、消费者和社会的长远利益，以及企业的长期经营。

进入价值营销时代

在市场营销理念的不断演绎变化中，始终不变的是市场营销的功能与目标，基于这一点，从字面意思来理解市场营销似乎是更加简单的路径。

曾经很好奇"台风"这个词是如何产生的，后来得知是来自typhoon的音译，指很大的风。但进一步溯源，则发现这个词最早来自广东话里面的"大风"，西方水手航海到了中国东南沿海，听到当地人称呼这种风为"大风"，便音译成了typhoon，后来成为一个学术名词，再传回中国变成了"台风"。

市场营销作为舶来品，起初被中国台湾的营销人翻译为"行销"，是源于英文marketing。marketing是market的动名词形式，即market+ing，market的意思是"市场"，ing作为动词后缀若是不好具体翻译，不妨理解为"搞"，从而可以知道市场营销实际上是"搞市场"的一套方法。市场怎么"搞"法？"搞"什么内容？先要弄明白市场是什么。

在我们日常生活中，经常可以听到"某某产品很有市场""我去市场买点东西""去人才市场找个工作""网络平台为我们提供了新的市场""市场不景气"等带有"市场"的说法。

其中，市场可能是一个具体的地方，也可能是一个虚拟的场所，市场还指有需求或者供应。市场一词已经从表示交易的场所，演变为表示供方、需方及交易的集合。那么，我们就很容易理解市场营销就是一系列通过调控交易的各个元素从而调控市场的行为与方法。如此理解，似乎与美国市场营销协会的定义并无冲突——市场营销是在创造、沟通、传播和交换产品中，为顾客、客户、合作伙伴以及整个社会带来价值的一系列活动、过程和体系。

对于管理学是该偏向西方思维还是东方思维，我们并没有太多的主观意见，但我们希望通过结合中西的结构方式建立一个价值营销的框架，以便在这个框架里面做深入研究。框架的意义除了支撑体系构建，更重要的是说明边界，我们时常会说每个理论都是有应用边界的，充分掌握这个边界和其产生的原因才能让我们掌握这个理论的特征。那么，我们需要说明的一点是，价值营销的边界在于当价格已经不能成为控制交易的主导因素的前提下，我们需要围绕调整价值要素来展开一种新的营销模式。后面的章节中，我们将在这个框架之内逐步展开论述。

如前所述，营销的实践总是先于理论发展的，在营销理论尚未产生之前，已经有了许多营销手段和方法。市场营销经历了生产理念、产品理念、推销理念、市场营销理念和社会市场营销理念各个发展阶段，历经半个多世纪初逐步完善。但真正让大家开始意识到营销可以作为一门学科，还是不得不从营销组合策略说起。至今，在许多营销人口中，一提及营销仍然还是4P、4C，那么我们就从价值营销与这些营销组合之间的关系展开说明。

4P营销认为营销主要是要掌握和运用"产品""价格""渠道"和"促销"四个要素，其中更多是要针对产品的特性展开营销过程，系统地对产品的各个方面进行规划。经过实际验证和发展，到了4C营销阶段，即着重"顾客""成本""便利"和"沟通"四个要素，其中体现了对消费者的更加重视，也在一定程度上反映出消费者需要的价值。

这些营销组合当然有其实用性和系统性，但无论4P还是4C，在实际营销中都会出现价格调控无效、成本无法控制的情况，一味强调系统的方法往往会将组织流程中的许多工作集中积压在营销部门，造成无法解决问题，也无法推动工作进展的情况。这些组合，对终端的销售人员来说，实际上能够掌握或者调控的要素就更加有限了。终端一线业务员不应该只是销售代表，能否将这些一线人员的营销功能加强呢？

如此便不难发现，从P到C已经更加关注客户价值，包括美国经济学家菲利普·科特勒（Philip Kotler）也提出了客户价值四步法。但是理论与应用存在一定的脱节，在实际工作中，往往会因为个别要素的失灵造成无措，而且在发挥一线销售人员主观能动性方面，也存在不足。在这样的背景下，就不难理解为何要提出价值营销的理念了，价值营销理念并不是将西方的营销理论做适应我们的调适，而是我们在跨越不同行业和区域的营销实践中，发现了传统营销理论的局限性并尝试通过价值营销理论构建去解决问题，从而获得更好的绩效。

第五章　价值营销的定义与模型

【导读】

本书的主要目的是阐释以客户价值为焦点的营销管理过程，在接下来的章节中，我们将着重分析价值营销的理论定义，从关键词的解读延伸到整个价值营销管理系统的定义。

在价值营销管理系统的阐释中，我们还会结合一个示例性的组织架构，把具体工作从理论落实到职能分解，乃至具体的工具和动作方法，希望以此不仅提供一个思维框架，更能提供完全可以用于实战的客户价值理论给读者。读完本章之后，至少应该明白以下问题。

价值营销系统该如何定义？
客户价值的实现需要哪些环节和系统来进行落实与保障？
组织在价值营销中如何有效地分工并发挥作用？

工业品客户价值解析

当两个不同品牌的口香糖摆放在收银机前，你毫不犹豫地选择"绿箭"口香糖，尽管另外一个不知名的品牌价格只是"绿箭"的60%。把商品价格降低5%，并不能带来销量的增长，这就是所谓的价格失灵。

在"价格失灵"的背景下，我们不得不回归思考商业组织赖以生存的本原问题。商业组织的存在，取决于其所能为客户提供的价值，那么我们究竟能够为客户提供哪些价值呢？在这些价值中，我们是以多寡取胜还是以差异取胜呢？我们又该如何以客户价值作为营销管理要素组织经营呢？

菲利普·科特勒在他的《营销管理》一书中，有这样一个说法：客户买钻头，并不因为客户需要钻头，只是客户需要钻头打出来的那个洞而已。一个洞会有那么多客户价值吗？我们就以这个钻头的购买消费过程来分析。通过购买某个品牌的钻头，我们打出了一个一定直径的孔洞，这是典型的物理价值；心理价值可以体现在客户经常使用某个品牌或型号钻头时由于对这个产品特性的熟悉所获得的安全感；效率价值可以体现在客户采购和使用的过程中如何降低决策风险，缩短购买和安装时间。

对工业品来说，我们在很多招标活动中看到，往往并不一定是最低价格赢得竞争，究其根本，在于工业品客户更多是基于某项产品是否能实现组织目标做选择，通常情况下这种目标是盈利的多少，因而工业品客户不会只考虑成本因素。

比如，采购一条生产线，企业内部诸多关联方会有不同的价值诉求。决策人希望通过采购这条生产线获得最好的经营效益，即生产出的产品能够获得最大的市场效益；使用部门更多关注使用的便捷性，包括使用的人工多少以及人机交互的界面是否友好；设备保养部门通常更多关心维护成本，这里的维护成本既包括易损件的成本，也包括保养的频率以及出现技术问题时厂家的响应程度；实际执行采购的采购部门更多关心的是采购的安全性和决策效率问题，采购人员往往担心其采购过程是否会被质疑，以及要花费多少精力在产品的比较选择上；财务部门更关心账期和支付方式问题。

这样来看，一个产品提供的客户价值至少是要能够考虑相关多方价值的，从总成本和总收益进行对比，既能够控制采购的一次性花费和长期花费，又能在采购环节、售后服务环节和使用环节上给客户心理安全感，最好能够就某项投资给予决策者客观的参考建议。这些关联方的参与程度和对采购决策的影响程度，也是我们在工业品营销中展开关系营销的基础。在实际展开关系营销时，不能一味通过吃喝玩乐和客户方建立关系，而是要根据客户的决策模型，找到影响决策的关键人物并对其决策影响力进行排序，进而找出这些关键人物各自关心的客户价值，针对具体客户价值推动产品，进而实际达到营销目的。所有这些关联方的需求都是客户价值的体现，对工业品如此，对消费品同样如此。

消费品客户价值解析

客户价值是可以进行归类管理的。我们将这里所说的客户价值分为功能价值、心理价值、效能价值三类。以休闲食品为例，要求产品味道好不易吃厌，说明了嘴巴和肠胃对休闲食品功能价值的需求，即能够解馋又不至于很快吃饱吃厌是产品所能提供的功能价值。这些产品还要适合用于打发时间，这实际上是满足消费者的一种心理需求。心理需求还会体现在与朋友的分享上，有的产品只适合一个人食用，而有的产品则更适合分享，那么就要考虑产品要满足消费者的哪一类心理需求。再者，是否方便购买是体现效能价值的一个方面，单包价格的合适实际上提供了较低的决策成本，也就是哪怕选择不当，也不会遭受大损失，在这一点上，价格又不是唯一的决定因素，消费者对一个品牌的信任和了解可能降低选择的时间和风险。

品牌实际上提供的不只是效能价值，许多场景下，品牌还提供了心理价值，既包括消费者因对某品牌的个性的认同获得的心理归属感，也包括品牌定位对个人定位的影响力，这是说当消费者认为大家都对某个品牌有特定的认知的时候，就会认为自己选择这个产品，大家对自己也会有这种特定的认知。比如，某品牌时装具有精致时尚的消费者认知，一名消费者就会认为自己选择这个产品之后在别人眼中也具有了精致时尚的形象，这就是品牌带来的心理价值实现。

以客户价值为基准的营销系统

价值营销，就是以客户价值实现为基准的一种营销系统，是基于我们对价值营销落地过程的一些思考产生的。我们通过

"客户价值""实现""营销系统"三个关键词和"有组织的努力"一个要点来深入解析。

第一个关键词——客户价值

不同于以往的价值营销关注企业价值，我们完全聚焦在客户价值上，这样做的主要优点是选择了一个相对更具有可操性的管理要素，并且让整个营销管理过程变得更有原点思维和逻辑性，借此可以使整个营销团队获得统一的认知。

第二个关键词——实现

价值营销系统的核心是客户价值的实现。我们发现客户价值不是客户购买了产品就可以直接实现的，许多时候，客户价值实现是一个相对漫长的过程，需要对整个过程进行管理。顾客购买产品之后，并不能立即获得这个产品所能提供给他的客户价值，还需要在使用的过程中完成价值实现乃至增值，包括渠道商和最终消费者，都需要一个过程，我们的营销组织必须通过各种过程管理帮助他们完成这个过程。

比如，对某经销商而言，在其代理销售某产品之后，我们的组织还需要协助其进行区域推广，建立标杆客户，实现理想的销量和回转，然后才有可能实现经销商所预期的价值。对最终消费者来说，购买产品之后，还需要正确的使用才能将产品的特性发挥到理想的状态，才有可能获得比较好的收益。这些过程管理都是我们在日常营销中必须关注的，如果不能对这些过程进行管理，则价值营销只是停留在理论层面。

图5-1展示了价值实现的全过程，一个新产品通常是由选择价值开始到审计价值结束，最终形成闭环的，而对已经存在的产品则可以从审计价值作为切入点到下一轮审计价值结束形成闭环。

从一个环节开始，通过全过程的管理实现客户价值，并进行闭环提升，是我们价值营销系统的过程特点。

图5-1 价值实现闭环模型

第三个关键词——营销系统

对现代商业组织来说，通常情况下营销都不是一个人的事情，而是一种组织行为。我们常说，没有完美的个人，只有完美的团队，是因为每个个体在面向市场的时候，其知识面与能力模型都是有限的，只有依靠团队才有可能在整个供应链上完美地实现客户价值，认识不到这一点，很难实现客户价值。这就不仅需要提出具体的营销思路，更要将之细化成为组织层面的方法和工具，细化到组织的各个部门与具体动作，所以称之为营销系统。

为了便于将具体的动作与职能部门结合起来，我们以图

5-2展示一种组织架构，不同于传统架构金字塔式的设计，我们围绕客户价值，对相应工作职能进行了细分和描述。

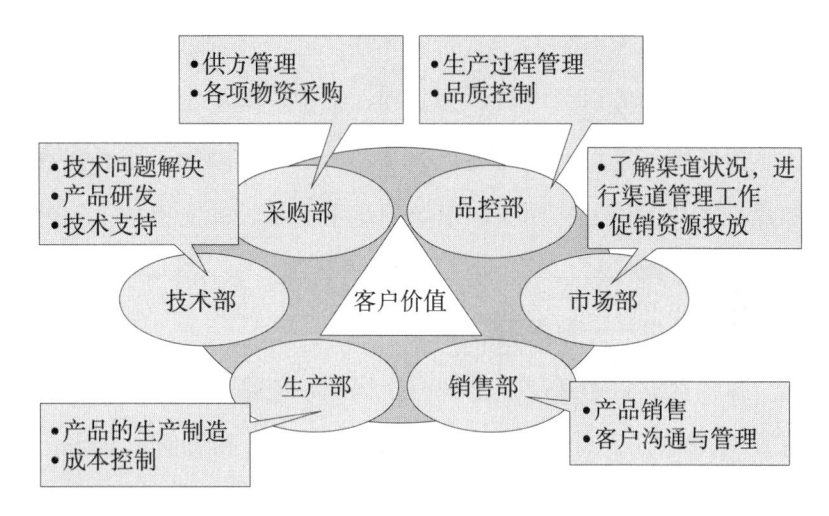

- 供方管理
- 各项物资采购

- 生产过程管理
- 品质控制

- 技术问题解决
- 产品研发
- 技术支持

采购部　品控部

- 了解渠道状况，进行渠道管理工作
- 促销资源投放

技术部　客户价值　市场部

生产部　销售部

- 产品的生产制造
- 成本控制

- 产品销售
- 客户沟通与管理

图5-2　围绕客户价值的组织架构

如图5-3所示，在价值实现的过程中，要依据各阶段实际需求组织各部门采用不同方法展开具体工作，承担相应职责。

理论	选择价值	实现价值	展示价值	传播价值	增加价值	审计价值
方法	STP概念 开发USP 提炼	产品组合 定价 渠道设计	展示方法 标杆客户 标杆市场 标杆渠道	价值传播 推广传播	顾问式销售 渠道增值 客户增值	组织审计 渠道审计 价值审计
组织	品控部 技术部 市场部	品控部 采购部 技术部 生产部	市场部 销售部 技术部	销售部	市场部 技术部 销售部	销售部 市场部

图5-3　各个阶段主要职责部门的工作方法

基于对上述关键点的理解，我们对以客户价值实现为基准的营销系统有以下定义。

通过有组织的努力，准确选择客户价值并创意概念至形成产品支撑，继而以公司资源为基础，集中资源展示价值，进一步掌控终端和渠道，深化客户关系，不断通过顾问式服务实现和提升客户价值，从而获取市场的竞争优势，冲击市场第一的闭环营销管理过程。

一个要点——有组织的努力

客户价值营销必须是全面有组织的，包括发展、设计和执行营销活动，要有统一的、互相补充的逻辑和思维。各部门分工合作，实现营销价值链的有效构建和动态管理，包括：收集市场信息，在公司内部有效沟通并及时调整公司活动；迅速推出高质量和按预算开发的新产品；确定目标市场和寻找新客户；与客户建立更深的关系，提供产品及服务给客户；接受和批准订单、按时送货、收取货款等。在分销的终端构筑强有力的支持体系，分部门、分步骤、分层次地协同作业。强调组织的力量，注重营销队伍建设，成为真正的客户价值驱动型组织。在公司内部广泛地树立为顾客服务的理念。掌握多种手段立体式价值营销，并且建立综合有序的协同作战团队，以达到区域内全方位无死角式价值传递。

第六章 价值营销的特征

【导读】

前文我们提出了价值营销的概念及模型，在本章中，我们来阐释价值营销的特征。读完本章之后，至少应该理解以下问题。

价值营销的导向是什么？

价值营销的"价值锚"是什么？

价值营销的应用时机是什么？

价值营销的导向

价值不是一个新鲜的名词，站在企业的角度，需要考虑的价值包括股东价值、客户价值及其他相关方价值。若是从股东价值出发考虑市场营销活动，则应将股东价值的最大化作为思考权衡的重点，一切营销活动都围绕着股东价值进行；若是以员工、社会等相关方的价值作为出发点，则需要统筹营销活动带给相关方的变化。不同的出发点，会产生不同的方法与路径，我们只能选择其一。在这里，我们选择以客户价值作为根本，是因为我们相信客户价值的实现是一切价值存在的前提，也是组织能够赖以生存的根本。

为什么说客户价值是企业存在的决定性因素

我们该如何判断是否需要成立一家新的企业，是否要去做一项新的业务呢？我们碰撞过诸如利润、主观意愿、社会需求等因素，但往往我们感觉自己是在盲人摸象。比如利润，通常认为利润是一家企业存在的根本，但实际上我们身边不盈利企业普遍存在，甚至有时候，我们判断是不是要成立一家公司的时候，考虑的并不是这家公司盈利与否，而是这家公司的前景如何。更有甚者，我们看到许多企业倒闭并不是因为不盈利，而是现金流一时短缺造成的。

再说到主观意愿或社会需求，事实上许多社会需要的组织并未能持续存在。对这种情况，我们不得不将问题往上提高一个层级——什么是一个组织存在的决定性因素？

我们知道，对一个组织来说，能够存在乃至永续经营的条件是这个组织具备给其所处社会提供超越成本的价值的能力。比如企业可以通过提供产品、上缴税赋来给所处社会提供价值，宗教和慈善机构可以通过提供信仰、解决社会问题给所处社会提供价值。

这个理念对商业组织来说也基本适用，只是基于盈利的本质特性，商业组织不得不以所能提供的价值作为交换，实现盈利。这就使提供给客户使其愿意花钱支付的客户价值成了企业生存的头等大事，唯有做好了这个基础，才有可能实现股东价值、员工价值、社会价值以及企业的战略和愿景，等等。

从不以营利为目的的组织和企业的差异来看，企业的存在除了依托于社会，还依托于顾客。因此我们认为，企业的客户价值重于且优先于股东价值、员工价值。认清并且做到真正以客户价值为关注焦点，可以帮我们厘清经营的逻辑，可以让我们的企业经营更有原点思维，也可以让我们在决定是否成立一家新企业的时候有一个比较客观的判断准则——这个新的组织能否为客户提供一些不一样的价值。

在将林林总总的营销动作对应客户价值的过程中，我们发现了价值营销能带给我们工作的两点益处。首先是这种营销逻辑抓住了营销的本质——为客户实现价值，从而让整个营销过程有原点思维，具备非常完整的逻辑性。其次是这种营销过程能够帮助全体营销人员建立正确的思考方法，从产品的概念提炼、设计开发起，直到售后服务，当全体人员都能够以客户价值为关注焦点时，实际上营销组织的面貌会焕然一新。

如何将一家企业的成功要素变成一家企业的"固定资产"

这个问题就是要弄明白如何让企业具备成功的基因。每一家企业都渴望成为具备成功基因的基业长青的企业，但目前为止能做到这一点的企业并不多。大多数针对这个问题的研究，还是理论层面的推导，为了避免陷入理论的"误区"，我们觉得有两点是必须要注意的，一是尽可能多地用案例来说明问题，避免理论无法与现实结合；二是尽可能使用系统的方法来说明整个过程的各个要素，避免因为个人的偏好或者经验造成观点上的偏颇。

在理论与现实结合的案例方面，我们过往的工作过程中，通过管理价值交换中的各要素，得到了一些管理实践经验，无论是在国内市场还是在海外市场，无论是成熟产品升级还是新产品上市，都获得了一些关于价值营销的素材。基于这样的价值营销的理念和方法，我们也取得了一些实实在在的业务成绩。营销从来就不是营销部门一个部门的事情，价值营销同样如此，我们假设了一个组织架构，用来说明组织中各个部门对客户价值的影响和意义，如图6-1所示。

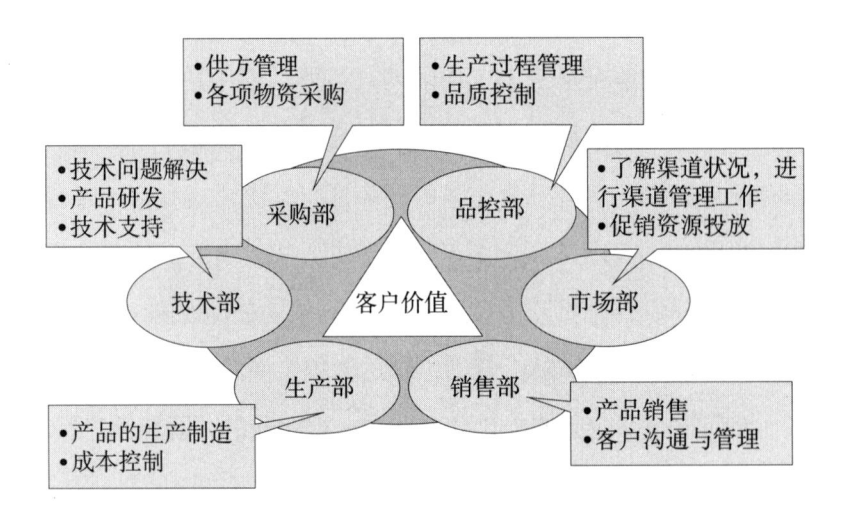

图6-1 围绕客户价值的组织架构

在不断强调以客户价值为关注焦点的营销体系的理论特征的同时，我们认为价值营销对一线的营销人员，尤其是基层营销人员具有非常强的实际指导意义。在传统的4P或4C营销组合中，真正能够给市场一线营销人员支配的资源并不多，比如产品已经基本定型，价格和渠道也在上市时已经确定，促销资源也不可能无限制地投入。基层营销人员真正能够做的往往就是通过自身的主观能动性确保客户价值的实现和提升，价值要素成了营销人员手中的最大变量。

所以，我们在不断阐释价值营销的理论基础的同时，加入各部门的相关工作和具体操作流程，是希望这个理论能够更具有实战性和实用性。从实战性来说，是希望能够做到从理论到案例，理论联系实际，让理论能真正指导营销；从实用性来说，通过具体操作方法的讲述，希望能够让大家在工作过程中不仅停留在理念，更能够从理念到动作，将工作系统地分解到各个部门，直接开展工作。能达到这两点，也才能让这本书也成为一个"以客户价值实现为基准的营销系统"实例，就如同现今的市场营销已不能局限于提供价值，更要帮助客户系统实现价值。

价值营销的"价值锚"

价值调研的目的就是要找到"甜蜜点"，并形成"价值锚"。停泊在水面上的船有相应的船锚来做稳定，就能保持平衡，不至于翻船，有合适的船锚，无论风雨再狂暴，船只都可以安全无恙。"价值锚"就是消费者对某些产品与服务根本需求点的满足程度，简单来说，就是一个产品或者服务在消费者看来到底值不值，这就是稳定消费者的"锚"。为什么讲性价比，怎么样更快让别人知道"我很值"，都需要"价值锚"。

对于"值不值"的问题，传统思维都是"产品导向"，通过不断获取政府、社会、行业、技术等领域的外在加持来累积产品的"含金量"，从而获得市场与消费者的信任。这种方式本质上是企业通过规模与成本优势不断提高竞争力，构建防御性壁垒。市场信息化程度不断提升，消费者获取信息的手段更为便捷、获取信息的成本不断降低、消费意识增强、消费理念多元化等发展趋势下，以传统的产品导向思维的营销方式，试图通过标准化诉求获得最大化的消费者覆盖越来越难，获得消费者认同的成本也越来越高，这就要求企业在自身经营中必须寻求属于自己的，符合目标受众的"价值锚"。

人们对某人某事做出判断时，易受第一印象或第一信息支配，就像沉入海底的锚一样，能把人们的思想固定在某处，这种效应叫"沉锚效应"。从客户价值出发，影响客户对产品做出判断的价值点我们称为"价值锚"。

"价值锚"的第一属性是可感知

我们在解决消费者信任问题时往往采取告知消费者属于我们的更多的荣誉，更长的历史，更贵的广告，试图营造一种"高贵感"，从而完成产品价值感的信任背书。而众多中小型企业也亦步亦趋，最终的结果就是这些"信任状"不仅没有获得消费者的认可，效用还逐渐降低。溯其根源在于这种价值感的塑造离消费者太过遥远，消费者根本无法感知，无感知便难有认知，没有认知更难以提及认可了。

"价值锚"的塑造必须符合消费场景

"价值锚"就是从用户的角度出发，从用户痛点、产品尖叫、用户参与营销等维度，确定其对一款产品做出判断的价值"锚点"。价值的"锚定"要完成"场景化搭建"。我们在锁定价值时，要考虑的重要因素之一就是用户场景，甚至在拿到一个需求的第一时间，就需要在脑海中思考在不同场景下用户的这个需求能否被满足，该如何被满足，以此来进行需求的初步筛选。

"价值锚"必须基于消费者的真实需求与对整个产业链的改造。"价值锚"是以用户为中心的驱动，其驱动关键不是技术等元素，而是用户痛点、产品尖叫和爆点营销。只有这样，"价值锚"的"锚定"才能足够真实与准确，以此为基础提供的产品与服务才能够更加具有号召力与穿透力。比如，九阳电饭煲的产品人员发现，几乎所有用户在购买电饭煲时都有一个习惯：打开锅盖，拿出内胆，感受一下内胆的重量。在这里，内胆的重量就是用户判断一个产品好坏的"价值锚"，就是消费者的真实需求。九阳推出了一款铁釜电饭煲，产品核心就是：3.1斤（1.55千克）纯铁内胆。而当时大部分电饭煲的内胆是2.6斤（1.3千克），铁釜因此成为一款"爆品"。

价值营销的应用场景

价格和价值同是交易中的重要元素，那是否说我们只要提高生产效率，做出低价同质的产品就可以了呢？理论上说确实如此，但实际上，理想的模型如同物理学的理想条件，主要用于证明和推导规律而并不真正存在于这个世界上。正因为交易并非完全由价格主导，我们的营销学研究才有了更大的空间，甚至才有了价值营销的产生。

在实际的市场营销过程中，我们时常面对"价格失灵"的情况。这里讲的"价格失灵"绝非超市给临近过期的产品打上一个非常低的价格但还是无法销售的局面。那么，价格要素通常在什么情况下失灵呢？

价格要素失灵情境一：

不具备价格竞争条件或者说降价不再获利

每次降价的背后并不一定只是生产效率的提升，还有可能是成本和各项费用的攀升。我们通常理解的降价行为背后的逻辑是企业通过降价获得了较大的销量，尽管单一产品的边际贡献会降低，但整体看利润仍然是上升的。但当成本已经成为企业瓶颈的时候，这种降价策略未必能够获得所期望的销售规模，甚至达到期望的销售规模也未必能够得到预期的规模效益。并且，一旦价格下降，日后再想将价格上调就不再是那么容易的事情了。即使企业能够通过降价带来销量增长，但已经无法形成利润贡献或者带来长期的市场份额贡献，在这种情境下，降价实际上无法达到理想的目的。

对渠道客户来说，如果企业能够实现生产效率的提高，渠道客户更期望这些提高的部分可以用来进行渠道建设，以这种方式来提升供应链的整体竞争力。

价格要素失灵情境二：

价格竞争无法带来预期收效或者说降价不再增量

降价并不能取得有效的销量攀升，甚至还会造成对品牌资源的稀释，以至于企业本身就不愿意降价。尤其是消费品，实际上消费品是通过价格来完成自身定位的，当一个品牌失去了品牌本身的溢价能力，也意味着失去了这种定位优势，意味着一个较长的低迷期即将来临。经常出现的情况，要么是不促不销，要么是应收账款迅速攀升，再或者是销量略有上升，却带来了利润的下滑。

尤其是渠道客户，在渠道上还有许多沉淀库存的情况下，每一次降价直接意味着存货成本的盘亏，乃至在下一次更大规模降价之前，渠道的进货意愿大大降低，厂家与渠道商的关系往往会因此成为博弈关系，更影响了相互之间的信任。

价格要素失灵情境三：

无序竞争下价格竞争引发恶性循环或者说降价不再带来客户信任

同样能够让价格竞争失效的，还包括混乱市场上"劣币驱逐良币"的问题。一个产品价格空间越来越小的时候，即产品丧失渠道推力的时候，也是恶性竞争最容易发生的时候，市场竞争手段开始变得单一，整体市场都采取降价策略，这时的被动降价往往是以牺牲客户价值为成本的。无论你的价格多么低廉，总是会有一些竞争者能够提供比你更廉价的产品，一旦进入这种价格竞争的红海，通常要陷入长久的痛苦境地。

种种情境下的价格失灵，让我们不断反思，在新兴市场中，我们该如何抓住"整体上升的消费升级"大趋势，对这种类似通胀下的机遇我们又该如何把握。

我们可以看到，在如今的市场竞争中，运用价格战手段已经不能使企业从复杂的市场竞争中脱颖而出了。在这个时候，运用价值营销的理念，大大提升企业产品的价值，同时致力于帮助客户实现价值，反而会极大有助于企业保持较高的竞争力。对于消费品如此，对于那些相对更注重价格的工业品营销当然也是如此。

从产品特性来说，工业品不同于一般消费品，通常面向企业或机构而非普通消费者。在组织评价产品时，客户往往更关注产品所带来的实际物理价值，当然在许多招标活动中，价格是主要考量因素，这种情况下，价格因素往往会被无限放大。

通常这种偏重于价格竞争的工业品企业往往会出现三种问题。一是企业经营依靠个人，尤其是核心业务人员，而非依靠团队，长此以往，企业命运往往维系于个人。二是企业品牌建设滞后于企业规模，客户往往认人不认企业，在面临更大的机会时，企业无法通过品牌进行跨区域、跨行业开发，长期来看对企业并非好事。三是组织内部脱节，主要表现在销售与技术服务、生产等环节各自为战，无法协同一致提升客户价值。

在这样的背景下，推行价值营销，以团队协作为客户提供价值，而不是一味拼价格，对工业品企业就具有了更加重要的实际意义。

第三篇
价值营销经典六循环

【 综 述 】

本篇主要讲述价值营销的方法，即价值营销的经典六循环。

价值营销经典六循环

第七章 选择价值

【导读】

选择价值

含 义 选择价值，指根据战略分析制订一个价值方案的过程，清晰、简单描述了企业为目标客户提供的价值和为这个价值索取的价格。价值方案可被认为是清晰、简单描述客户选择我们的产品或服务而非竞争者的产品或服务的原因。客户在选择产品的时候，总是考虑两个要素：利益和价格。利益是客户注重的要素，价格是客户认为要付出的所有要素，如果总利益超过价格，就是正的价值，反之，就为负的价值。客户选择我们的产品或服务，是因为客户认为我们提供的价值大于竞争者提供的价值。企业提供给客户一定的价值，即利益和价格的组合，这就是价值方案。

重 要 性 对大多数营销工作来说，选择价值是整个工作的起点，正所谓选择胜于努力，选择正确的起点才能保证后面的工作是有价值的，才能让整个营销团队在日复一日的工作中保持坚定的信心。

方法概述 在选择价值过程中，我们以"甜蜜点"工具锁定"价值锚"，通过以下四个步骤形成价值方案。

第一步：寻找"甜蜜点"。

第二步：挖掘价值关系，找到"价值线"。

第三步：分析价值潜力面，评价几种价值点所能产生的效益。

第四步：构建价值体系。

结构概述 本章主要讲解通过了解客户需求的方式，找到价值点、挖掘价值关系，继而评价价值面并构建产品应有的价值体系，其中涉及是否以及如何洞察客户需求。文中除用案例作为辅助说明，也说明了具体的价值调研方式。在最后部分，还说明了销售队伍在执行过程中应该如何选择价值，是对本书销售实战性要求的响应。

要 求 读完本章后，应该掌握以下几点。

如何选择价值。

如何通过对消费者的分析，挖掘价值点和认知与消费者的关系。

如何对消费者的价值面进行评估从而锁定价值点选择。

如何完成调研的规划与动作分解。

销售工作中选择价值的工作方式是什么。

寻找"甜蜜点"

价值点，由于常常能够给我们带来生意机会，又被形象地称为"甜蜜点"，是组织所能提供的价值、竞争对手未提供的价值和顾客关注的价值的交叉点（如图7-1所示）。

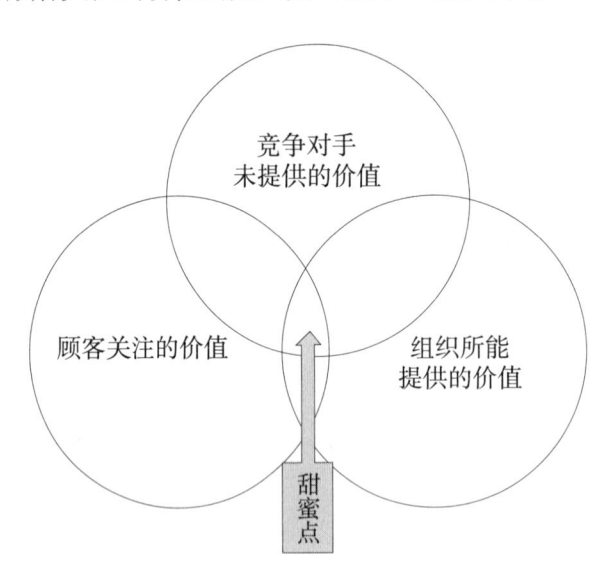

图7-1 寻找"甜蜜点"模型

一个产品，往往可以满足顾客多种、多维度的价值需求。以本章案例"真功夫：营养还是蒸的好"为例，顾客选择吃一顿快餐，其关注的价值点包括营养搭配、卫生健康、服务快速、产品一致性高、就餐环境好等，这些关注点分属不同种类的要求，同时还分属顾客的生理、安全、社交、被尊重等不同层次的需求。

在这些价值需求之中，需要找出那些客户关注的而竞争对手忽略或无法提供的价值点。比如，做得比较好的"洋快餐"能够提供标准化的一致性产品、快捷的服务、良好的就餐环境，在营养与健康方面却因为是油炸食品而不被中国顾客认同；但传统的小快餐店，在卫生、标准化、店面形象等方面又满足不了顾客的需求。针对这些或是被竞争者忽略，或是竞争对手不能提供的客户需求，我们来组织提供，便可以形成价值点。

与此同时，还需要考虑所有这些价值需求被竞争者满足的程度以及消费者关注的程度，这样才能做到知己知彼。在类似的案例中，我们可以发现，随着国家的崛起，中国消费者的民族自豪感被一步步唤醒，消费升级大有文章可做，以中国传统菜品对抗"洋快餐"的油炸食品、碳酸饮料，可以做到借势营销。

整理出顾客关注的价值，找到那些被竞争对手忽略或者没有能力满足的价值，结合我们能提供的价值，三个价值结合之处便是"甜蜜点"。需要留意的是，"甜蜜点"往往不止一个，还需要对每一个价值点进行价值关系挖掘和价值潜能分析，锁定我们需要的价值点，再进行价值（方案）体系构建。

我们要经历从无到有发现"甜蜜点"，又从多到一锁定价值点的过程。之所以这样做，是我们将目标定为冲击市场份额第一。在业务层面，这么做的原因是，只有做到第一，才能有合理的规模和利润，才可能掌握更多的市场信息，等等。在定位方面，如特劳特在《定位》一书中所说，进入人们头脑最容易的办法是争做第一，若是当不了第一，你就要针对已经是第一的产品、顾客或人来给自己定位。这个理念放在价值营销中就是做第一，或者与第一对抗。比如赖茅酒，其本身在酱香酒市场中并没有太大的市场份额，但其在宣传产品时总是说：先有赖茅，后有茅台。尽管我们也能理解先有的东西未必是好的，但不断与第一做比较可借势提升自己。

在价值营销的定位中，我们强调价值排序，一个产品不可能占据太多的客户价值，必须删除客户不关注的价值，减少客户较少关注的价值，增加客户比较看重的价值，创造客户最看重的价值。这正是强调对客户价值进行分类、排序的重要性所在，当且仅当我们了解客户重视的价值时，我们才有可能找到自己的竞争优势，排除那些不易取信于客户的价值。

挖掘价值关系

或通过对消费者的生活观察，或通过市场调研，找到"甜蜜点"之后，就需要对"甜蜜点"与消费者进行价值关系梳理。一方面是通过这种价值关系梳理找到其背后的市场潜力，另一方面是在许多情况下，对不同"甜蜜点"的判断、排序、取舍，都需要有相应的信息支撑。

我们可以将价值关系与马斯洛的需求理论进行连接。

例如，在一个对女性选择珠宝的市场调研中我们发现，大部分女性需要的是与众不同、能够引起朋友注意的珠宝，将此项需求与设计及价值感连接之后就可以获得一个有效的"甜蜜点"。那么，针对这个"甜蜜点"又该如何挖掘价值关系呢？

在访谈中，我们发现，引起朋友注意之后，女性交流频率最高的三个问题分别是：谁买的？在哪儿买的？价值（价格）如何？对应马斯洛的需求理论，从生理、安全、社交、尊重、自我实现几个需求层次来看，珠宝产品本身并不具有明显的生理需求满足功能；价格通常解决的是购买安全性需求——是否物有所值；谁买的，包括为何就此事交流，体现的是社交和被尊重的需求；价值感，购买者的关系，可以体现尊重与自我实现的需求。

如果说营销中有什么可以被称为艺术的话，发现现象覆盖下千丝万缕关系的能力应当算是一个。在挖掘价值关系的过程中，虽然大家都采用同样的方法，但由于每个人的眼光和视角不同，很难形成一致的看法，正是这个原因造成了许多营销活动在结果上的巨大差异。

在工作中，提问或者倾听并不是特别难的工作，但如何通过沟通了解消费者内心对各种价值的需求则相对需要技巧。比如，在楼盘导购人员的销售话术中，我们有这样一个案例，消费者说："我想买一套物美价廉的房子。"作为一名营销人员，应该如何看待这位消费者的需求呢？

仔细分析消费者这句话，其中显示了其需求：物美价廉——要求性价比高。这句话背后真正的需求可能是：购置费用与使用费用、生活费用总体最低，不仅是一次性的购置费用，后期的费用也可以计入整体费用。这句话中还体现了消费者隐含的需求：除房子外，还需要服务、学区、生活便利等条件，这些条件虽然不能折合成价格，但如果不具备这些条件，消费者就还需要额外支付一笔费用来获得。此外，这句话还说明了能够让这位消费者愉悦的需求：赠送促销会让消费者感觉愉悦，即对这位消费者来说，额外的赠品或者促销可能会促使他快速决策。除了以上这些，这句话或许还包括这位消费者秘密的需求：希望让身边的人认为他是一个精明、会生活、有头脑的人。

这样看来，从消费者简简单单的一句话中我们可以分析出其多项需求，其更为关注的价值，通常就是要我们进一步探寻与验证的部分。

掌握这些沟通技巧，甚至说是人情世故，才能比较好地对客户进行划分，有效地归类，而不是简单地划分"金星客户""银星客户"或者是按照社会学分类。

在本章案例"真功夫：营养还是蒸的好"中，我们可以看到挖掘价值关系的路径。中餐的"蒸"和"洋快餐"的"油炸"，表面上看是两种食物加工方式不同造成的产品营养结构的差异，但通过挖掘其背后的价值关系，可以发现隐藏的逻辑关系。其中既有基于中国人传统饮食习惯的生理和安全层面的需求，也有基于消费者武侠情结的社交需求，同时在中国崛起的背景下，也有消费者对传统文化认同感增强而产生的被尊重和自我实现的需求。找到了这些价值关系，才有可能发掘消费者消费行为背后不易为常人所知的潜意识，才能够更好地评价不同"甜蜜点"的价值潜力。

分析价值潜力面

对价值关系的价值线进行梳理之后，则要就价值潜力进行"面"上的量化比较。按照常规逻辑，市场细分，有利于我们找到尚未被竞争对手占领的市场，找到客户尚未被满足的需求，迅速占领之后便可以形成一块自己的市场根据地。但在实际工作中，这项工作并不容易，因为对很多行业新人或者判断能力不那么好的人来说，发现一个机会往往是掉入了一个陷阱。

事实上，市场上不太可能专门给你留着一块"肥肉"，让你坐享其成。真正想发现好的市场机会，就必须学会判断什么是机会、什么是陷阱，这其中包括市场进入的难易程度判断及市场容量判断。

对市场进入的难易程度，一方面要考虑竞品和替代品两个因素，另一方面需要考虑企业自身的资源与能力，再进行有效判断。在竞品和替代品的问题上，通常人们都能关注竞品，但少有人留意替代品，可以说很多大公司正是这样倒下的。比如曾经市场第一的柯达胶卷，自己发明了数码相机，并且非常了解日本的富士胶卷，但却在数码相机上翻了跟头。在企业自身资源与能力方面要注意，发现的机会也应当是自己能够掌握的机会，自身无法掌握的机会，并无实际意义。

对市场容量的判断，一方面要求我们细分出的市场的容量是可以量化的，另一方面要求市场规模或者关联规模能够支撑组织的规模需求和盈利需求。

将市场进行可衡量的细分并不是非常困难的工作，在梳理清楚价值关系之后，就可以进入对市场机会衡量的环节了。

表7-1通过统计数据维度和客户细分维度对市场细分方法做了示范。使用这样的表格，组织相关部门可对市场信息进行分析，我们可以直接判断相应的市场容量，在此基础上再去判断市场进入的可行性。

表7-1 市场容量衡量表

细分维度	细分问题	市场容量
统计数据维度	客户结构：规模采购客户与普通客户市场各有多大？	
	区域结构：不同区域客户采购规模各有多大？	
	价格结构：不同价格带产品采购规模各有多大？	
客户细分维度	价格敏感：价格敏感与价值敏感客户规模各有多大？	
	组织模式：组织决策与个人决策客户规模各有多大？	
	决策模式：多决策模式中，每种模式规模有多大？	
	效率敏感：对服务效率敏感和不敏感的客户规模各有多大？	
	功能价值：偏重功能诉求与偏重心理诉求的客户规模各有多大？	
	心理价值：对品牌有偏好和无偏好的客户规模各有多大？	

如上所述，在判断了市场规模之后，还应当对这个市场以及可能存在的关联市场规模能否支撑组织盈利进行判断。可以通过固定费用、边际贡献率等预计指标来进行盈亏平衡点的计算，结合可能抓住的市场机会进行分析，从而判断细分市场的机会是否能够支撑组织的存续和发展。

构建价值体系

在对不同价值点量化价值面分析之后，则需要进行价值体系的初步构建。与实现价值环节不同，选择价值环节的价值体系构建主要偏重于概念的发起与抽提。

产品概念

在价值营销的系统中，我们将产品概念作为一个重点提出。不同于产品定位，相对来说，我们认为产品概念基于产品定位而生，但相对更容易导入和传播，并且容易延展成为价值展示点。

产品概念基于产品定位而生，是在产品定位的基础上，找到该定位容易与客户之间进行沟通的桥连点，相对于那些比较复杂的产品定位，这个概念往往更容易让消费者理解和记忆，甚至是消费者心中已经存在的一个概念。这样在导入的过程中，往往能够达到事半功倍的效果，不至于在宣传上难以开展。

价值展示是概念发起的另一个考虑，相对来说，定位是一个针对特定目标消费群的描述，而在实际工作中的一些场景下，我们很难直接说明我们针对哪一个消费群，这样的情况下，有一个概念，并且针对这个概念有详细的价值展示方法，就变得很重要了。比如去屑洗发水，定位是针对有头屑烦恼的消费者的功能性产品，但在概念方面则是去除头屑烦恼，到了价值展示环节，则通常是通过对这个概念的情境化和功能化展示来让消费者认识到这个概念所能提供给他们的价值。

概念的发起中，不得不注意的一个问题是，技术或者成本的瓶颈影响下，并不是所有的概念都能够形成产品。在这种情况下，通常采用的方法是发起多个概念，通过自然选择和淘汰的方法进行挑选。

价值提炼指针对消费者的价值诉求，我们需要根据产品概念提炼，进行传播。这方面，首先还应当了解消费者诉求的类别，通常，我们会将消费者的诉求分为感性诉求和理性诉求、单一诉求和复合诉求等形式。

感性诉求和理性诉求

消费者往往是感性的，我们都知道很多时候消费者看见自己喜欢的产品往往出于单纯的喜爱就将其买下而不考虑这件产品的使用价值或者以后是否会用到这件产品，这就是消费者的感性诉求。大部分时间，消费者对一件产品的第一感觉是自己本身感性的诉求，即自己喜不喜欢这件产品，或者这件产品有何比较新奇的特点吸引了自己。因此在平常的调研活动中，要注意到消费者的感性诉求。

同时，消费者又是理性的。消费者是矛盾的集合体，在购买一件产品时，除了会有冲动，还会思考这件产品有什么样的作用、有没有使用价值、价格贵不贵、性价比高不高等比较理性的问题。因此也要收集消费者对我们开发的产品有什么样的理性的诉求，即我们能满足他们什么样的需求。

单一诉求和复合诉求

单一诉求指消费者对产品的单一的需求，比如消费者购买药品时，他们只有恢复健康的需求，而不会在乎药品好不好看等其他因素，这就是消费者的单一诉求。

在现实的生活中，消费者往往会对产品有更多更复杂的需求，这就是复合诉求。比如消费者购买一件衣服，除了保暖，还会考虑好不好看、穿出去有没有面子、能不能彰显自己的品位和社会地位等一系列的问题。我们在研究消费者的诉求时，要注意消费者对产品的复合诉求。

价值营销的宗旨就是帮助顾客实现价值，将满足消费者的需求放在第一位，要根据消费者的需求来确定我们的产品定位。我们要满足消费者的感性诉求还是理性诉求或者兼而有之，是满足消费者的单一诉求还是复合诉求，这最终都将影响我们的营销活动。

在了解了客户的具体需求之后，我们要针对客户不同的需求来开发不同的产品，通过不同的卖点来捕捉消费者。但是，消费者是否购买一件产品和是否持续使用一件产品所参考的产品价值又是不同的。图7-2是消费者捕获力和保持力的模型。

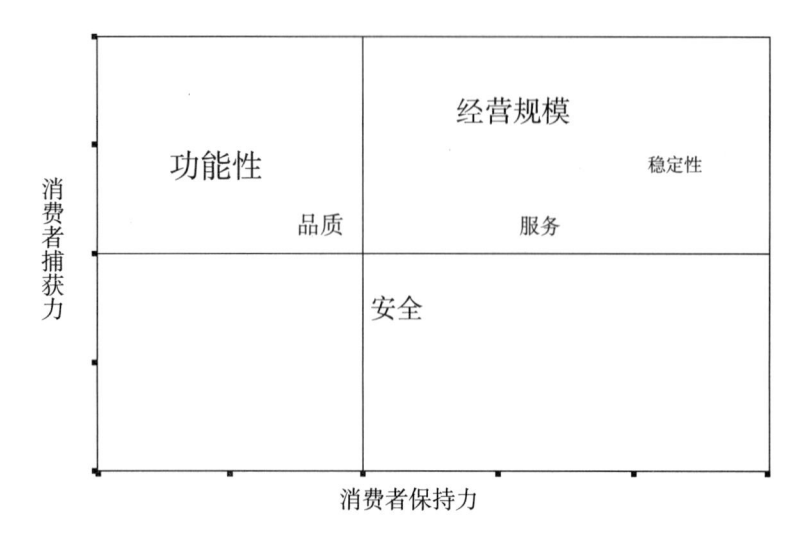

```
                经营规模
   功能性                    稳定性
消
费        品质      服务
者
捕
获        安全
力


            消费者保持力
```

图7-2 消费者捕获力和保持力模型

从图7-2我们可以看到，消费者对产品的价值点会有偏好，选择一件产品的原因未必是持续使用一件产品的原因。一件产品的功能性好，品质高，消费者愿意购买这件产品，但是未必会愿意长期使用它。但如果一件产品的稳定性高，同时服务又周到，那么消费者往往会愿意始终使用这件产品。因此，我们应当结合产品概念，在不同的推广周期就价值点的提炼进行规划。

同样以"真功夫：营养还是蒸的好"为例，我们可以找到不同层面上概念与诉求所构成的价值体系，这些概念或者是"蒸"的营养，或者是"真"的材料，或者是"功夫"的自豪感，最后被整合到同一个价值体系中去，成了"真功夫"（如表7-2所示）。

表7-2 "真功夫"价值体系构成

消费者需求层面	"洋快餐"提供的价值	真功夫价值体系
生理需求	油炸、碳酸	蒸
安全需求	标准化	真材实料
社交需求	良好就餐环境	优化店面形象
被尊重需求	张扬个性	功夫连接民族自豪感
自我实现需求	关爱营养	保证膳食，努力打拼

由此我们可以发现，这些看似不同层面、缺少关联的"甜蜜点"既可以逐一筛选，也可以优化组合，构建到一起便可以形成产品的价值体系，即我们所说的价值塔模型。

价值调研的步骤与方法

本章许多地方都提到了价值调研工作，比如通过调研找到消费者需要的价值、挖掘消费行为背后的价值关系等等。这种调研在很多场景下都被称为消费者洞察，相当一部分原因是一些公司并不组织正式的调研。

比如美国苹果公司从不组织消费者调研，谈到原因，其创始人乔布斯曾谈到，如果福特去做消费者调研，消费者会告诉他需要的是跑得更快的马。如乔布斯所说，福特研发汽车的时候，在相当长一段时间内，汽车都不如马车更加"主流"，除了初始速度慢，蒸汽机车的噪声与油污也一直被马车用户鄙视。在蒸汽机车初现的时候，为了避免噪声惊吓马车，甚至要求蒸汽机车在遇到马车之前提前停车避让。所以，在一定程度上说，对消费者的洞察，并不一定要通过市场走访的方式，而可能是通过对一些生活场景的体悟，或者是对一些新科技的把握。

我们可以看到更多如宝洁这样的消费品公司，花费大量时间和精力让营销人员深入消费者的生活场景，与消费者共同生活，从而实现洞察消费者的目的，并且取得了相当的成功。因此，我们有必要用一定的篇幅去说明如何开展市场调研，尤其是如何根据工作目的组织相应的调研，以此给有需要的组织更多启发。

第一步，确定价值调研的必要性

价值调研的必要性关乎费用支出以及执行时的态度，需要明确。相对于已经存在较长时间的企业，创业型公司往往更重视清晰地描述自己的客户群体和目标市场。我们把这种理想目标比喻为尚未深入人间时的理想气体，因为对大多数的盈利假设来说，一旦投入运营，便会遇到这样那样不可预料的困难，在克服这些困难的过程中，许多原先假设的目标客户会流失。当然，也会有原先未想到的客户加入，以至于许多企业走到成熟期的时候完全有别于创业者最初的预期。可以说为数不少的企业对自己市场的认识都会逐步走向"不识庐山真面目，只缘身在此山中"。避免这种局面出现的关键方法就是不断去调研市场，形成对市场持续不断的认识。

日常工作中，另一个使我们比较重视市场调研的原因则是许多情况下市场营销工作人员与消费者的角色偏差。比如做奢侈品营销的人员，其本身并不一定是奢侈品消费者，或者工业品的营销人员可能本身并不一定使用最终产品，这种角色上的差异往往使许多市场营销工作者必须通过特定的手法去掌握消费者信息。

此外,哪怕是对已经具备了稳定客户群的企业,定义自己的客户群体都仍然是件不容易的事情。企业既无法将目标锁定得无限大,也无法将目标锁定得无限小,这对后面的商业开发都是不现实的,这样就对目标群体的定义提出了较大的挑战。

从实际工作来说,客户关系管理是一个能够将此项工作落入实地的方法,客户档案的建立与审查,是任何销售队伍都需要重视的工作,这项工作若能持续,实际上也可以替代一部分市场调研。但我们看到的实际情况并不乐观,在我们接触的企业中,对市场调研做得比较差的企业远远多过能够将市场调研作为一项重要工作的企业。

无论是新企业、新项目上马,还是已经运营多时的组织,都需要对自己的市场做调研,了解自己的市场和消费者变化情况,并且能够对出现的种种现象形成有因果推理的解释,这样才能够逐步了解所在行业经营的本质。

第二步,确定价值调研的内容

确定需要展开一场价值调研之后,便要根据目的确定需要调研的内容了。在实际工作中,需要调研的内容并不是一成不变的,许多时候,根据具体情况也并不需要穷尽所有的需要调研的内容。比如针对指定竞品展开的一项调研,可以着重了解竞品的策略和市场的促销情况,对其他部分则不需要花费太多精力。考虑到种种情境的需要,我们还是会尽可能介绍全部调研内容,但在实际使用中,可以根据实际情况和需求进行选择。

我们所调研的市场信息，通常定义为市场中事物存在的方式以及变化的动态。这个定义可以理解成调研的内容既要能反映当下市场的格局与状态，又要能体现市场的下一步变化与发展趋势。掌握这些信息，企业便可以据此寻找静态或者变化中的机会，制订营销计划，开展营销活动。为了达到这个目的，还应保证信息的真实有效，避免错误信息的误导。避免个别信息的误导，通常需要更多的样品屏蔽个别信号，但样本总是与调研成本密切相关的，其中的度与样本选择就需要依靠个人的实际工作技巧进行把握了。

调研内容，通常包括八个方面，我们用表7-3来说明这些项目的分类。

表7-3 市场调研内容参考表

一级维度	二级维度	维度细分
市场营销环境调查	政治环境	国家制度和政策
		国家或地区之间的政治关系
		政治和社会变化
		国有化政策
	法律环境	相关法律法规
	经济社会环境	生产方面
		消费方面
		自然环境
		社会文化环境
		科学技术环境

续表

一级维度	二级维度	维度细分
市场需求调查	市场基本面状况调查	使用量
		使用方式或经营模式
		行业盈利模式及盈利能力
		客户地理分布情况
	购买力水平调查	客户资金情况
		行业信用度
		消费理念及投入
	购买动机调查	刚性需求
		心理动机
		感情动机
		理性动机
		光顾动机
消费者及消费者行为调查	—	消费者类别
	—	消费者的购买能力
	—	消费者的欲望或购买动机
	—	产品的使用者、决策者
	—	消费者的购买习惯
竞争性调查	—	竞争对手的数量
	—	竞争对手的市场地位
	—	竞争对手的竞争力
	—	竞争对手的市场竞争策略与手段
	—	竞争对手的市场营销组合策略
	—	竞争对手的产品开发能力
	—	潜在竞争对手进入的可能性及难易程度

续表

一级维度	二级维度	维度细分
产品调查	—	对产品的评价、意见和要求
	—	产品使用方法的调查
	—	产品新用途的调查
	—	产品生命周期的调查
	—	产品包装的调查
	—	产品品牌商标的调查
	—	服务态度及方法的调查
	—	新产品需求的调查
价格调查	—	产品价格的需求弹性和供给弹性
	—	产品价格的确定是否受价格政策的影响
	—	产品定价策略是否合适，定价方法是否恰当
	—	消费者对产品价格的态度及价格改变后消费者和竞争对手各有何反应
销售渠道调查	—	中间商销售情况的调查分析：销售额、利润、资金、经营能力、市场占有率
	—	各销售网点的销售状况，分析其经济效益
	—	储运能力
促销策略调查	—	采用人员推销或非人员推销的方法和效果
	—	广告是否引起人们的注意，有何特点，采用哪种广告媒体
	—	销售服务方式及消费者的要求

在表7-3中，我们尽可能根据不同行业的需求整理市场调研的内容，主要目的是方便大家在日常工作中使用。为了便于使用，我们在宏观市场调研中并未严格按照通用的PEST

（Politics政治、Economy经济、Society社会、Technology经济）分析展开，而是直接细化到更容易展开的维度。而针对一些特定的行业，大家可以基于价值营销的逻辑进行推演，设定特定的调研内容。

如此类推，我们则可以找到消费者不同产品需求背后的动机，以及可能关联的价值关系，并据此找到那些能够打动消费者的核心要素。因此我们认为，有效的市场调研，除了能够让我们了解消费者基本信息，还能够帮助我们找到"甜蜜点"与消费者需求之间的价值关系。比如，真功夫通过"蒸"这一"甜蜜点"，挖掘出中式快餐与"洋快餐"对抗中的价值关系，找到"功夫"这一概念来推出中式快餐的健康，并呼应消费群体对中国功夫的价值主张，取得了市场成功。

第三步，实际展开调研

在实际调研展开的过程中，针对具体的维度，会展开不同方式的调研工作。调研的方式通常分为案头调研和实地调研。

案头调研可以通过收集内外部资料进行，内部资料包括原始记录、销售量、历年销量统计、年度报告、专题报告、财务决算等；外部资料包括政府统计资料、公开出版的期刊和文献中的数据等。

实地调研部分要设计定性或定量问卷，形成具体问题。之后，还要考虑是否以及如何进行调研对象的甄选，避免收到无效信息干扰调研结果。而根据调研对象接受习惯对问题进行排序设计也是必不可少的环节。

鉴于案头调研相对更容易掌握进度和节奏，我们接下来着重讲解实地调研的步骤和重点环节中的注意事项。在确定了调研内容，形成具体的问卷之后，接下来的调研步骤通常还包括：样本确定、现场调研、整理资料和形成报告。

在样本确定的过程中，需要确定的是调研对象的特征及数量，并且说明抽样方法。调研对象特征的确定主要是为了排除那些明显不是我们目标客户且不相关的人群。而抽样方法则通常是指随机抽样或者非随机抽样。随机抽样包括抽签法、乱数表法、分群抽样法；非随机抽样则包括任意抽样法、判断抽样法、配额抽样法、雪球抽样法。调研对象和抽样方法的选定通常都离不开我们对目标消费群的假设，按照他们的生活模式和习惯来确定，通常可以让我们更容易接近和得到想要的数据。

根据调研内容形成了调研表，确定了调研对象和抽样方法，就可以进入现场调研阶段，这个阶段更多是对调研思路的执行和管理，需要确保整个过程的质量可控。为了达到这个目的，需要进行分工，并且在组织内部对调研的目的和方法以及要求进行说明，达到组织统一步调的目的。分工方面需要考虑有人负责执行，有人负责审核和监督。而沟通则是为了统一大家的工作，尽可能形成最大的合力。

谈到分工，我们发现在许多企业中，市场调研仅仅是营销部一个部门在做，而实际上这并不是好的方法。在常见的询问法、观察法、实验法和调查表测试中，结合组织架构，通常可以以营销部作为组织部门负责整体调研框架和方法的设定；市场部则根据后期渠道工作开展需求提出特定问题；对于需要与客户进行交流的工作过程，销售部应给予最大程度的配合；

牵扯产品的性能方面，研发部必须同步了解消费者的需求与反馈，这样才是比较合理的分工，可以让后续的调研工作得到有效延续。

调研实施阶段完成，得到原始信息，就要进入整理资料阶段。整理资料阶段的主要工作，包括对获得数据的分类、校对、输入、排列等，以方便后续各环节根据不同的需求提取数据。这一类信息筛选工作通常需要一些软件帮助我们来展开，如果信息量不大，可以通过Excel表格直接筛选分析数据，若是信息量较大且关联度分析较多，则可以用SPSS进行分析。无论使用何种工具，阅读和掌握大量原始数据是营销人员必不可少的工作，一定要对原始数据进行大量的检索，才能找到分析要点。

第四步，价值分析，调研总结

在分析完数据内容之后，即可进行调研总结，并着手调研报告的编写。整体来说，在编写调研报告的阶段，除了回顾市场调研的目的、过程、方法之外，更应针对调研的结果和结论进行详细论述，必要时要将相应附件资料作为补充说明，尽可能将市场调研的背景信息说明清楚，避免出现只看到数据而不知道背景的情况。

形成市场调研报告之后，组织内部充分分享相应信息，还应对市场变化趋势进行分析。因为大部分情况下，市场调研数据并不能直观反映市场变化的速度与方向，更多情况下反映的是一种变化趋势，这种情形下，结合各部门的日常职能与工作，充分讨论结果，进行市场预测就变得非常重要。

除了特定的市场调研针对的市场预测以外，通常意义上市场预测的内容应当包括生产的发展及其变化趋势预测、市场容量及其变化预测、市场的价格变化趋势预测、消费需求变化预测、对外贸易的变化趋势预测、商品资源预测、商品生命周期预测、市场占有率预测、营销网络的建立和发展趋势预测，等等。

在确定需要预测的目标之后，就要选用预测方法进行预测，既可以是会议讨论，听取专家意见，也可以是头脑风暴，群策群力，当然也包括进行数理统计。市场预测对后续判断市场机会有非常大的意义。

"价值锚"的形成

前面我们介绍了价值调研，在这里，我再一次强调：磨刀不误砍柴工，一场高质量跨部门的价值调研是选择价值和实现价值的基础，一定要引起重视。

通过价值调研形成基本的数据库，在这里，我们挖掘"甜蜜点"，找到"甜蜜点"后，再挖掘价值关系，并构成价值体系。这个价值体系往往比较复杂和系统，因此，我们要对这个系统进行提炼。形成"价值锚"的过程可以借助一定的工具来辅助实施，常用的工具有STP和USP。STP是营销学中营销战略的三要素：市场细分（Market Segmentation）、目标市场（Market Targeting）、市场定位（Market Positioning）。USP理论是美国人罗瑟·里夫斯（Rosser Reeves）提出的，要求向消费者说明一个"独特的消费主张"（Unique Selling

Proposition），USP有三个要点：强调产品具体的特殊功效和利益，每一个产品都必须对消费者有一个销售的主张；这种特殊性是竞争对手无法提供的，必须具有独特性；有强劲的消费力，这一项主张必须很强，足以影响众多的社会大众。

介绍STP和USP的文章书籍非常丰富，在这里就不进行深入探讨了。

"价值锚"是影响客户对产品做出判断的价值点。如7-3图所示，"价值锚"包含两个部分：锚和锚链，锚是企业提供的价值点，锚链是连接客户的客户关系，完整的"价值锚"都包含这两个部分。

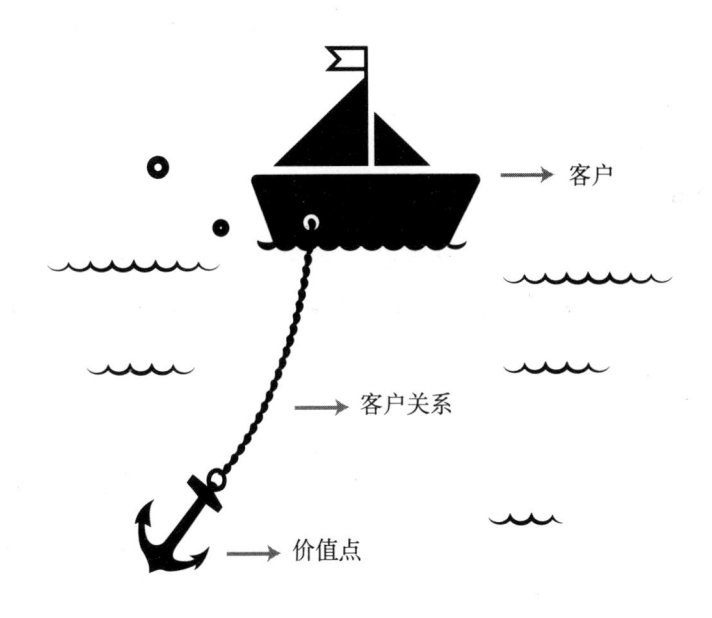

图7-3 "价值锚"模型

消费者一般会关注"性价比"。对消费者来说，"性能"

其实是感知价值，"我觉得好才是好"，消费者能感知的价值越大，那么"性能"就越好。同样的价格，消费者感受到这件商品带来的价值越高，那么这件商品的性价比就越高。

所以，我们可以得出：性价比＝感知价值÷价格

提高性价比的路径只有两个：第一，提升价值感知；第二，降低价格感知。通过锚定策略改变消费者的感知就可以达到。

1973年，法国人让·克洛德·布鲁耶和他年轻的妻子塔希提在波利尼西亚买下了一座小岛。小岛附近的海中盛产一种黑边牡蛎——珠母贝。这些黑边牡蛎的壳里出产一种罕见之宝——黑珍珠。那时候黑珍珠还没有什么市场，购买的人也不多，但是布鲁耶说服了"珍珠王"萨尔瓦多，和他合伙开发这一产品。

第二次世界大战时，意大利钻石商人詹姆斯·阿萨尔逃离欧洲到了古巴，利用自己在瑞士的关系为美军提供防水表。战后，阿萨尔发现日本人需要表，但是没有钱，有的是车载斗量的珍珠。阿萨尔就让儿子用瑞士表换日本珍珠。没多久，他的儿子萨尔瓦多·阿萨尔就被人们称为"珍珠王"。

萨尔瓦多开始向全世界推销黑珍珠时并不顺利。黑珍珠的色泽不佳，又灰又暗，大小也不行，结果萨尔瓦多连一颗都没卖掉。事情到了这种地步，萨尔瓦多本可以放弃黑珍珠，把库存低价卖给折扣商店或者搭配一些白珍珠当首饰推销出去。但萨尔瓦多并没这样做，他努力改良出一些上好的品种后，带着样品去见了一位具有传奇色彩的宝石商人——哈利·温斯顿。

温斯顿同意把这些珍珠放到他在曼哈顿第五大道的店铺橱

窗里展示，标上令人难以置信的高价。同时，萨尔瓦多在数家影响力广、印刷精美的杂志上连续登载广告。广告里，黑珍珠在钻石、红宝石、绿宝石的映衬下熠熠生辉。

没过多久，原来在波利尼西亚海边随处散落的"黑石头"，就缠绕在名媛淑女的粉颈上在曼哈顿招摇过市了，原来不知价值几何的东西被萨尔瓦多捧成了稀世珍宝。

"珍珠王"就是借助"价值锚"，让消费者把黑珍珠的锚点定在了稀世珍宝的位置上。

【案例讨论】真功夫：营养还是蒸的好

初创

真功夫的前身是广东东莞长安镇霄边村107国道旁开设的一家餐厅，主营中高档蒸饭、蒸汤和甜品，开店时间是1994年。因为开在国道旁边，主要面向驾驶员消费群体，所以取名"168蒸品店"，168谐音"一路发"。

创业的起点不高，仅是一家70多平方米的蒸品店，但创始人的企图心并不止于此。想要瞄准更大的市场，第一步是提高自己的菜品质量，因为唯有提供顾客喜欢的产品，才能带来源源不断的客流。两人在日常接待顾客的过程中，不断了解他们喜欢的店和产品，一听到哪里有好的蒸品，就赶去品尝、学习。

经过不断的学习、提高，并且在日常经营中注重品质管理，"168"的业务快速发展，一年之后，便成功开设了三家店。但这个时候，创始人开始感觉到如果不能在本质上有所提升，一味多开分店并不能保证客户体验，反而会影响企业发展，于是他们开始将工作的重心转移到产品的标准化控制上。

修炼内功

接下来的时间里，"168"从软件和硬件两个方面对产品的标准化控制进行了提升。在硬件方面，通过借助华南理工大学的科研力量，研发了电脑程控蒸汽柜，一举解决了困扰中式快餐多年的标准化难题。中餐加工一贯被认为产品品质主要靠厨师对火候和工艺的掌握，因此不同的店铺，甚至同一店铺不同厨师制作的同一菜品都会有较大的差异，消费者在连锁店中并不能获得标准一致的产品。电脑程控蒸汽柜的出现，通过对工艺过程和火候的控制，实现了产品的标准化，让消费者在不同店能享受统一口味的产品。

仅有硬件还不行，因为机器的操作和服务同样需要人来完成，设备解决了产品标准化的问题之后，还需要人的保障。在软件方面，"168"制订了7本从柜台到厨房100多个餐厅岗位的操作手册，结合培训让员工能够规范使用设备，并提供有效迅速的服务。

从设备到管理都实现了标准化后，"168"开始了新一轮的扩张。为了配合这一轮的扩张，店名也从"168"改成了"双种子"，因为在这一轮扩张中，企业要面对的消费者不再以国道上频繁经过的驾驶员为主，还包括了市镇居民，"168"的名称与目标顾客的价值诉求开始显得不协调了。创始人选择"双种子",寓意"种子萌芽,携手弘扬中华饮食文化"。

到2002年,"双种子"蒸品连锁餐厅在华南,尤其是二线城市已经取得了优秀的业绩,企业本身也开始谋划如何走出华南,布局全国市场。但由于深圳、广州开设的部分店面并没有带来预期的销售规模,下一步该如何进行全国化布局,企业内部也产生了不同的意见。在这样的背景下,一是在创始人的带领下,高管团队对不同区域的市场进行了大范围的走访与调查;二是与叶茂中策划公司开始了合作——花费400万元人民币为"双种子"蒸品连锁餐厅做品牌诊断及品牌策划。

找到新卖点

第一步,了解品牌基因和现状。

从品牌联想来看,陌生的消费者第一次听说"双种子"时,很容易想到农民或者农田,总体印象较为朴实但品质感不高。这一形象具备较强的行业属性,但就其直观联想来说较难支撑企业向一线城市消费者转移。

从品牌诉求看,"双种子"打出"蒸"字,无疑切中了岭南饮食文化中重要的一点——"蒸"等同营养。但是对全国市场,岭南文化本身并非强势文化,更不用说岭南饮食文化这更细的一层,出了岭南,"蒸"有可能仅被理解为"蒸包子""蒸馒头"而并不能直观反映产品特点。

从消费者对品牌的认知来看,区域性的企业往往需要一个全国面的品牌认知,而一个全国性扩张的品牌,则往往需要消费者认为其是一个国际化的品牌,企业需要依靠品牌的势能对经营进行拉升。"双种子"从名称到形象均无国际品质感，甚至连全国性品牌的品质感也达不到。

品牌价值方面，在当时，"双种子"蒸品连锁餐厅已经在华南有了深厚的顾客基础，有些顾客已经把"双种子"亲切地称为自家的饭堂。据了解，当时"双种子"的品牌价值至少在几千万元以上。

这种情况下，如何对品牌进行取舍和升级，还需要结合目标市场的定位来判断。

第二步，定位目标市场。

当时国内快餐行业的局面大体是这样的：一个近两千亿元容量的市场，仅肯德基、麦当劳两个"洋品牌"就占据了20%的份额，其余部分则被近80万家中式快餐企业分占，一直处于群龙无首的状态。2002年度中国快餐业20强中，麦当劳、肯德基的各地公司占据了19席，上海新亚大包是20强中唯一一家中式快餐企业，排在第17位。

要在一个两家巨头垄断的快餐市场中定位，无疑是火中取栗，所以要将市场定位在余下的80%的市场中。昙花一现的麦肯姆、开心汤姆等在迅速扩张之后并没有获得预期的辉煌，它们的一个共同点是贩卖的也是西式口味的快餐，在20%的市场份额里，已经有了两大巨头，想在其中切分一块市场，面对的是这两家巨头多年来建立的品牌基础和运营模式，难度巨大。

占据市场80%份额的中式快餐市场内存在着巨大机遇，一旦能成为中式快餐的领导品牌，就能成为中国快餐业的领头者。

第三步，对抗性定位。

常规的定位理论，并不赞成新入品牌与市场领导者进行概念对抗，但是基于品牌诉求的对抗可以切分新的品类，对抗性定位对"双种子"有着非常积极的现实意义。

在对快餐的市场调研中得到了三组数据——喜欢中式快餐的原因、喜欢西式快餐的原因与喜欢"双种子"的原因。这些数据显示，"双种子"倡导的"营养"是中式快餐品类共性中唯一形成品牌差异化并在品类发展中形成市场拉力的因素。在企业内部访谈中，"蒸"在岭南的饮食养生文化中等同于"原汁原味原形、不上火"，"蒸"字是个大创意，对消费者而言，只有"蒸"等于"营养"，"双种子"才能在他们心中登陆。于是，"双种子"真正的品牌核心价值浮出水面——"更有营养的美味中式快餐"，提炼为"蒸的营养专家"。

2000年时，西式快餐在中国已被诟病，油炸食品的高热量、高胆固醇导致肥胖、高血压是西式快餐无法克服的问题。甚至连肯德基这样的"洋快餐"巨头也在逐渐推进以营养为主的"本土化"产品。只是，市场的残酷就在于：真正的规律总是掩盖在表象之下。因此，企业不能一味跟着感觉走。消费者是很容易产生怀疑的，因此在别人都说自己好的时候，"双种子"还要告诉消费者：我们为什么好，我们是如何做到的。

其实，有益于健康的食物，消费者从生活经验上判断，无非一做到材料绿色、天然、健康，二做到工艺独特，保留食物的天然营养成分。在这样一个商品泛滥的社会中，一个产品能有独特之处太难能可贵了。"双种子"的独特就在于一个

"蒸"字，因此，要将"蒸"发扬光大，以独特的"蒸"、原盅、天然营养的原材料共同构成核心产品价值。

在对消费者的调研中，也有很多对品牌联想有巨大价值的信息。被问及"看过什么饮食节目？"回答较多的是"八方食圣"（此为竞技类饮食节目），也有人提到电影"满汉全席"。被问及"除专业书外，爱看什么书？"年龄较大的受访者回答多为"金庸、古龙"，中青年的回答多是"席绢、黄易"，年轻人多回答"哈利·波特、网络小说"。聊到流行音乐，很多年轻人提到周杰伦，并能随口说出《龙拳》《东风破》等歌名。竞技饮食——武侠小说——功夫歌手，一条线索渐渐出现——功夫！

功夫——中国养生文化瑰宝，中国之于世界的识别符号，人类生命科学的神秘境地。功夫文化在生活中比比皆是，老少皆宜，人人都乐于接受，从功夫又能联想到强者、英雄、竞技美学、强健体魄……那么怎样实现品牌核心价值与"功夫文化"的融合呢？从产品价值的角度分析，通过"蒸"，独特的"蒸"，可以实现"保留食物精华，均衡内在营养"，达成"营养美味"的联想，满足对身体有益的需求。吃"营养美味"的食物可以令身体强健。"功夫文化"挑战自身极限的价值观，使消费者从精神上充电，幻想成为功夫者、强者。"功夫"促进强健身体的联想与核心产品价值产生交集。越深入研究，越能体会"功夫"一词的妙意，中国人总喜欢说一个人不用功，做事不用心，就是没下"功夫"，因此，"功夫"又是一个体现专业态度、专业感的词汇。

"蒸"与"功夫"连接组合成"蒸功夫"就成了一种用心的"蒸法",一种独特技艺。于是,一个全新的品牌诞生了——"真功夫";一个全新的品牌口号诞生了——"真功夫:蒸的营养专家"。

为了能充分体现"真功夫""蒸功夫"的内涵,企业对产品的生产过程进行了进一步挖掘,给"功夫—蒸—营养"这些价值点找到了具体的承接点,比如:16代家传秘方,近千年去粗取精,苦心成就的"真功夫";85道原料选材工序,近乎苛刻的精细功夫;±0.3毫克的电脑配料误差,电子化称量掌控,无可挑剔的硬功夫;32位国家级营养调味大师,用调料征服味觉的好功夫;103℃的标准"蒸"温控制,恰到好处,真正留住食物精华的蒸功夫,等等。

效果

结合新的品牌定位以及在菜品上进行的调整,去除原有的一些西式产品,完善能够反映品牌核心诉求的产品,第一家"真功夫"在2004年5月开业了。新店一开张即显现大品牌的气质,消费者好感度、满意度直线上升。

由于价值感的提升,"真功夫"产品单品提价7元到13元,单次营业额大幅提高达到了40%,单店盈利能力也随之大幅提高,砍掉了可乐、炸鸡翅和薯条,营业额没受影响,反而让消费者感觉更营养健康。

真功夫先后进入广州、深圳、北京、上海、杭州、沈阳、武汉等多个城市,成功走出了区域发展模式,成为全国连锁发展的中式快餐企业。

【思考与讨论】

1. 真功夫是如何与西式快餐进行对抗性定位的?
2. 真功夫还应该在哪些方面"下功夫"?
3. "内功""外功"在企业增长各阶段是如何相互刺激增长的?

第八章 实现价值

【导读】

实现价值

含　义 实现价值是根据规划的价值体系，将组织计划提供给顾客的价值以硬件、软件、服务等具体形式表达出来，成为可以交付的价值。实现价值还包括在实际进行价值交付之前，为确保后续营销活动的可执行性，组织对价值进行内部交付验收的行为过程。

重 要 性 实现价值是相对具体的工作，是将抽象的概念变成实际的产品，这些产品不一定是具体的物品，还可以是软件、标准、平台等，但无论形态如何，都会是组织盈利模式的核心，关乎价值变现，需要结合组织实际情况进行规划、落实。

`方法概述` 在实现价值的过程中，我们通过以下步骤来落实具体工作。

第一，"价值锚"的锚定。

第二，"价值锚"的符号化。

第三，价值量化。

第四，价值内部交付。

第五，客户价值的过程管理。

`结构概述` 本章主要讲述如何以平台、硬件、服务等形式来固化价值，为何要将价值进行符号化体现，如何将价值数字化，以及怎样在内部进行价值交付。在销售工作中，实现价值首先是选定一块区域，而后建立组织架构，固化工作流程，比如业务员对客户的拜访频次，内部交流提高的例会制度等；其次是对组织文化的传播体现，比如在办事处张贴公司的海报、企业文化宣传标语等，通过这些信息传播达到促使大家同心同德的目的；最后是量化的评比与考核，先进也好、落后也好，都应该有精神和物质激励，包括进度计划的达成公示、奖金发放等。

`要　　求` 读完本章后，应该掌握以下几点。

如何固化价值，为何要进行符号化表现和内部交付？

"价值温度计模型"的理论与实操。

价值实现过程中组织分工协作的必要性和方法。

为什么说一名优秀的销售经理必须是一名优秀的产品经理？

"价值锚"的锚定

在选择价值环节，我们形成了"价值锚"，通常情况下，这个"价值锚"只是一个概念，接下来的工作就是要为这个"价值锚"进行"锚定"。对此，我们不妨看看福特汽车的案例。

福特在汽车生产领域创造了流水线生产模式，随之而来的是生产效率的大幅提升。在这个时候，福特公司根据对市场机会的分析，选择了自己的产品概念——只生产黑色的汽车。福特公司当时的支撑点是为那些不关注汽车颜色的消费者提供标准化生产的、价格合理的汽车，而不是针对黑色去寻找支撑点。

福特"只生产黑色的汽车"，实际上是选择了排除式的产品概念——没有其他颜色。除了这种排除式的概念，大部分概念还是以比较直观的方式来表达的，我们通常会使用一个相对简单的"固化"来为大多数的产品概念寻找支撑，包括硬件、软件、平台建设等。

在日常工作中，我们着重探讨硬件在提供价值过程中的作用，许多人认为，产品硬件设计是研发部的职责，实际上现在普遍施行产品经理制度，在消费品和工业品领域多是买方占据主导地位的情况下，产品设计已经成为产品经理参与并主导的重要工作了。产品经理通常在营销部按照品牌或者产品类别分工开展工作，在一些分品牌运作的企业中，产品经理也会被称为品牌经理。但无论称呼如何，本质都是要针对一个相对固定的客户价值进行产品规划。在许多中小企业中，未必有如此明细的分工，真正决定产品的人，往往就是企业主自己，作为产品管家，企业主就是企业中的产品经理。

针对一个已经确定的客户价值，实现价值的首要问题是如何通过固化将这个价值实现出来，可以是一个产品或服务乃至一个标准，但多数情况下，可能是一个产品线。

很多外资企业在产品线管理方面有其独特的经验，比如宝洁、可口可乐等跨国集团，在其对产品进行管理的语言体系中，常常会有产品长度、宽度、深度等说法，尽管各家定义可能各不相同，实质上都是通过不同维度来对产品进行分类，便于组织和管理。这里，所谓长度通常指整个产品线的数量；宽度通常指产品的类别数量；深度指一个类别中的细分数量。之所以有这样的产品线管理方式，自然离不开客户价值和渠道价值的原因。以宝洁为例，宝洁的洗发水产品线会根据不同功能与诉求划分去屑、柔顺等品类，从而形成飘柔、海飞丝、沙宣、潘婷等个性化品牌，这是洗发水的产品宽度。在这几个品牌中，又会根据消费者的选择偏好与各渠道的售卖特点，形成不同的规格（SKU, Stock Keep Unit，一个库存单元，通常指一个条形码），这就是产品深度。我们可以看到，这种产品线设置，实际上对应的是消费者不同的价值需求。在渠道价值方面，是通过对不同渠道进行产品区隔来响应的，在不同的渠道形态中，售卖不同规格的产品，在满足消费者购买习惯的同时也满足渠道的利润诉求。

除了这些常规的产品线管理动作，还有一个比较有意思的现象，就是针对顾客对新品尝试的风险问题，许多厂家都会推出试用装，这通常是在市场推广初期降低顾客尝试风险的一种做法。这种做法在很多新兴市场也受到了较多的欢迎，这意味着顾客一次性花较少的成本，即可以得到一次产品的功能性价值和全部心理价值。

综合上面来看，在产品线规划中，考虑消费者价值如何被满足之外，如何以实际需求结合企业的实力、成本研发产品线，是产品经理面前的第一个问题。当然，结合企业资源的有限性，还需要考虑的是不可能一蹴而就开发出所有产品，而往往需要根据不同的时间点和节奏分阶段开发。

确定产品线，乃至产品定型之外，包装也是硬件中非常重要的部分。包装除了作为产品的保护层给予产品保护外，通常还给予消费者接触产品的第一印象，是消费者获得产品信息的重要渠道。巧妙利用包装，不仅仅能保护产品，更是与消费者进行沟通的一个方式，在实现价值阶段，这实在是一项不容忽视的工作。

产品包装的物理价值，通常是给予产品足够的保护，对许多有保质期或者易破损的产品来说，包装的阻隔能力、保护能力往往是必须首要考虑的，有时还要优先考虑法律法规对标示方面的要求。但是如果要充分考虑消费者的心理价值和效率价值，包装上还有许多工作可以做。

针对消费者的心理价值，包装上的标示内容，除了需要符合法律法规，还要传递更多直观的信息给消费者，包括各种价值诉求和使用方法等。针对效率价值，上一段我们说到的产品试用装是一个典型的方式，通过灵活设计产品包装，往往可以促进消费者决策。

对许多消费品来说，包装还有一个重要的意义在于终端陈列，一个好的包装设计放在终端，往往是自己会说话的，如何让包装在货架上脱颖而出，如何让一系列产品放在一起协调美观，是我们在包装设计时需要重点考虑的问题。

以特定的产品形式来进行价值固化，是一件相对容易理解的工作，我们的案例"年份原浆助力古井重返徽酒之巅"，对具体产品线的开发和包装设计基本上都给出了可以参照的方法。

硬件以外，标准、服务、软件，乃至平台，都可以是固化价值的方式，比如苹果公司开发产品，除了智能手机之外，其App Store便是一个非常重要的固化价值的平台。

提到软件，大家首先会想到的是电脑软件，但我们这里所说的软件并不局限于此，相对硬件的概念，这里的软件包括技术支持、服务和产品使用方法等无法附着在产品硬件之上进行销售的无形产品。相对于硬件，这些软件可以让产品更好地发挥效果，帮助实现客户价值。

市场上的大多数企业，并不单独将软件作为独立产品进行销售，这些企业更多是通过软件让硬件更好地发挥效能，实现客户价值。这些软件包括产品使用时的具体指导，让产品发挥出足够好的性能，这属于物理价值范畴；也包括提供各种技术支持让客户产生安全感，并由此提供给客户心理价值；在具体帮助做出选择方面，软件也可以产生效率价值。可以说，在不同的软件水平下，甚至同一家企业设定的软件在不同的实现水平下，都会产生使用效果的差异。

B2B业务中，我们也见到有企业设计开发软件帮助客户提高整体运营效率，进而实现推广自身产品目的的案例。对服务进行价值固化，比如海底捞，服务相当突出，他们就服务设计了一套流程标准，实际上就是将价值进行了固化。固化价值的方式多种多样，重点在于结合自身组织特点找到固化价值的方式，建立组织的核心竞争力。

"价值锚"的符号化

"价值锚"的符号化，一方面是出于差异化的需求，需要用一个符号性的东西将我们的价值方案与竞争对手做区隔，以便产品能够在市场上凸显出来；另一方面，巧妙的符号运用，可以通过挖掘消费者记忆资源的方式来借势，从而与消费者产生共鸣，降低传播成本。

从差异化需求来说，符号化需要将价值用特定的方式表达出来，并与其他竞争对手区分开来，这其中有在产品开发初期不经意的行为，也有在后期逐步完善的动作。比如在上一节中提到的产品包装，我们一想到带红色飘带的饮料罐，就会想起可口可乐，一提到红黄信封纸袋包装就会想起洽洽瓜子，这些产品包装的符号化，帮助产品实现了与竞品的有效区隔。

包装的区隔与注册商标不同，在法律上需要借助外观设计专利来进行保护。王老吉与加多宝之争，后期之所以加多宝换装金罐凉茶也与此有关，若是王老吉没有这个红罐凉茶的外观设计专利，怕是已经被加多宝的渠道效率淘汰，而加多宝换装，通过金色来凸显升级感，也可谓是一个经典案例。

一说到品牌注册、外包装专利，很多人就会觉得符号化完全是营销部门的设计职责，我们要说明的是，很多产品符号化工作往往是由采购部或者技术部完成的。比如，婴幼儿食品产品提取各种欧米伽脂肪酸、益生元的概念并且用具体的符号进行表征，实际上是基于技术被普及，由技术主导展开的符号化进程。也有一些概念会由供应商推广，比如英特尔推广的"intel inside"，对很多下游电脑厂家来说，实际上就是采购进行的符号化工作。

这些出于差异化需求所做的符号化之外，符号化的关键还在于将产品概念与消费者的记忆资源结合起来。比如，一提到钻石鲜花，大家的爱情记忆资源被唤醒；一提到红酒，大家就会想起法国情调，这些符号化的产品概念与消费者的记忆资源往往互为因果，相互联动，巧妙地设计利用这些资源，营销工作可以事半功倍。

所谓互为因果，以钻石为例，这种碳元素构成的石头，被美国戴比尔斯以"钻石恒久远，一颗永流传"的概念在世界各地不断推广，成了爱情的象征，由此可见符号化的记忆资源经过长期经营，其价值可以达到不亚于品牌的程度。也正因此，我们将符号化作为实现价值的一个重要组成部分来单独说明。

在本章案例"年份原浆助力古井重返徽酒之巅"中，古井贡酒找到了"甜蜜点"，在具体实现价值的过程中，使用"原浆"这个记忆资源来对产品进行符号化。与其他符号化的形式不同，古井没有使用商标和包装进行符号化，而是提出"原浆"作为符号，并且大声喊出去，凸显"酒是陈的香"，还特意附加年份说明，取得了巨大的商业成功。但这种方式与同为酒业翘楚的"洋河蓝色经典"有共性的问题，原浆是一个品类，蓝色是一个颜色，都无法通过商标或者专利的形式注册，这两家酒厂都是不断通过外观专利来进行资源保护的，相对于商标注册，对竞争对手的打击力不足。

可以说符号化是为了尽可能在推广过程中方便将概念传递给消费者。这个符号可以是消费者心中已经存在的符号，也可以是新设计的符号，人类大部分依靠感性记忆，这种符号化的概念支撑，往往会让消费者产生较深的印象。

价值量化

与选择价值中的价值量化为面不同，在实现价值中，价值数字化的重点在于定价，由于定价关乎渠道中的客户价值和消费者感知到的客户价值，常见的定价方式包括客户价值主导定价和客户价值下的竞争定价。

在产品定型之前做定价的，通常都是客户价值比较明显的产品，这些产品通常可以用明确的价格来显示价值，比较具备这类特征的产品包括烟、酒等，当然也包括那些确定了客户价值的工业品，这些工业品客户会给出自己明确详细的需求，要求企业给出具体的方案和报价。工业品和烟、酒等产品看上去风马牛不相及，但在客户价值方面具有共通点，那就是客户价值明确，我们将这种预先定价的方式称为客户价值主导定价。

以中国地产白酒为例，在进入21世纪10年左右的时间内，由于经济势头良好，消费升级趋势明显，一线品牌如茅台、五粮液的产能增长已经跟不上消费升级，在这种背景下，白酒开始不断提价，2000年前后主流产品价位在200元上下，到了2010年已经到达2000元上下。一线品牌提价，给许多地产白酒留下了极大的生存空间，于是许多地产白酒开始不断通过提高品质、改善包装来进行产品升级。这便有了先根据价格带确定终端价格，再根据产品推广费用计算渠道利润，最后折算产品开发成本的业务模式，具体的操作方式在本章的古井案例里面介绍。

在这种业务模式中，我们需要关注的是消费者的客户价值主要体现在哪些方面？按照我们前面说的三个方面的价值：物理价值、心理价值、效率价值来进行分析。消费者首先需要的往往是效率价值，请客或送礼，往往需要被请或者被送的对象能够感受到产品的价值，甚至高估价格，这个时候品牌的效率便能够彰显出来了，一个知名度高的品牌往往能够直接获得这种品牌形象。物理价值要求这一类产品的口感及对健康的影响都是正向的，于是我们看到传统的固态发酵类白酒占据了主流，厂家不再单一追求产量，而是尽量以原生态的方式酿造比较符合人体消化特征，口感更好的酒。再者，对消费者的心理价值，通常消费者认为白酒在特殊的地方长期储存味道更好、更有价值，基于这种心理需求，许多企业都推出了年份酒，当然也有一些企业根据当地消费者特征在产品的微生物发酵或者水源上做文章。

所有这些价值，都能够非常明确地表达到产品价格带上，这种定价模式，更多是找到具体价格带上的机会，对竞争对手进行详细分析，结合市场态势对价格带做出选择。在工业品或者工程项目中，预先了解企业的预算与效益预估，通常会更有利于谈判。这种预先选择的做法归根到底还是要掌握消费者关注的价值重点在哪里，才有可能让产品与价位配衬。

综上所述，在客户价值主导定价这种定价方式中，真正的难点无非两个，一是如何选择价格带；二是如何对这个价格带在消费者心目中完成占位。

实际工作中，对大多数企业来说，客户价值并不能具体到精准的价格带上，根据定型产品的成本，结合市场竞争状况、充分考虑渠道利润诉求来定价，仍然是工作的主流方式，这种定价方式，我们称为客户价值下的竞争定价。

回归到操作层面，中欧国际商学院为大家提供了定价的模型——价值定价温度计。

如图8-1所示，从客户的感知角度定价，当把产品价格定在感知价值之下，是为顾客让利，如果把价格定在感知价值之上至客观价值，则价值最大化，但这样容易失去商业机会，如果把价格定到客观价值之上，则潜力非常有限。

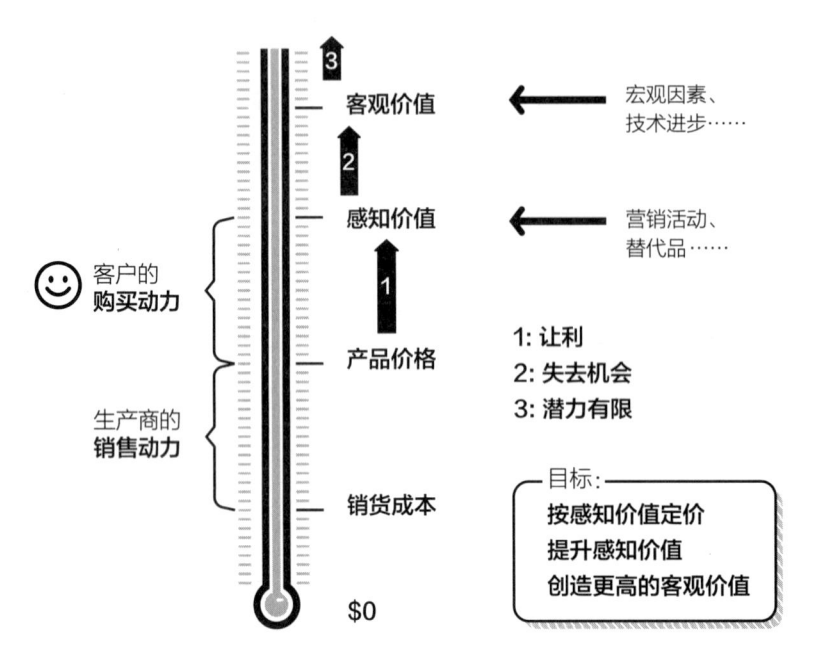

价值营销：以客户价值实现为基准的营销系统

图8-1　价值温度计：基于客户价值

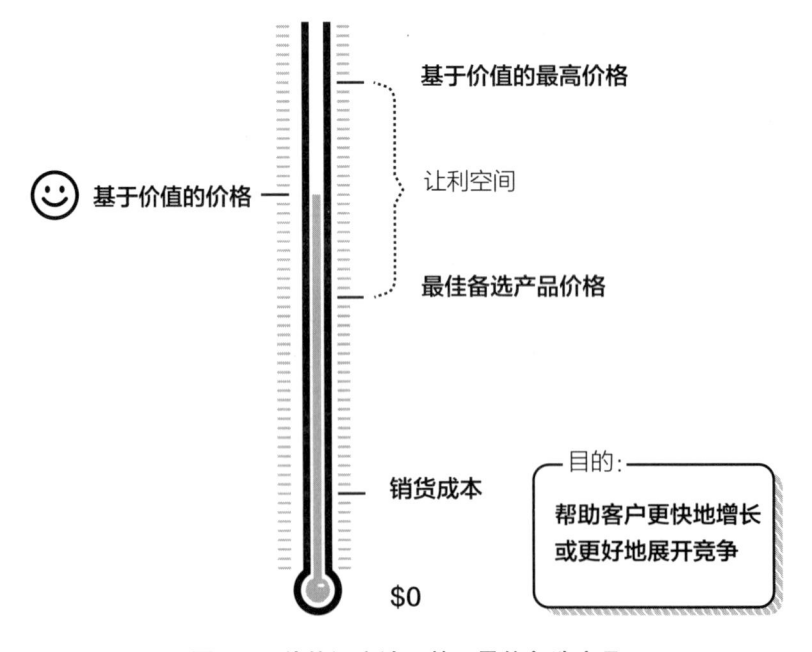

图8-2　价值温度计：基于最佳备选产品

如图8-2所示，产品的定价是基于最佳备选产品价格和价值的最高价格进行的。最佳备选产品价格和基于价值的最高价格之间的空间为让利空间，有人认为50%对50%最为合适，根据笔者的经验，快速迭代的科技产品，建议80%对20%，即企业80%让利空间，消费者20%，对生产资料产品，特别是农业等领域的产品建议按20%对80%定价，当然50%对50%是一种安全中庸的定价方法。

此模型引自中欧国际工商学院《市场营销学课堂讲义》，在此致谢。

客户价值内部交付

产品的定型，是产品开发过程即将结束，产品上市前的一个节点。在产品定型点上，我们需要对产品进行功能性实验，实际上这个工作是对产品开发的成果验收。产品定型，就是按照目标设定，对产品研发目标、周期、成本等内容逐一检查，其中最重要的无疑是产品对客户价值的满足程度，而不仅是种种检测。

但我们在日常工作中时常发现，一谈到产品是否定型，大部分企业的描述是已经完成了生产环节安排和技术检测备案各项工作，少有人谈到批量产品在消费者那里得到的反馈信息。尽管大多数时候，我们都渴望做出的新产品能够直接冲上市场为公司获得大量盈利，但不得不说的是，并不是每一个定型的产品都能为公司带来利润，在上市前的产品定型时，去实际收集消费者的反馈信息，真实判断这个产品的市场机会才是更加理性的做法。若是根据消费者反馈，判断产品并不能取得好的市场业绩，建议仍然考虑机会成本从而对产品是否上市进行一次系统判断。一个项目尚未上市便被否定或许在情感上很难接受，但不得不说，这就是产品开发的风险，理性且实际地进行选择或许更符合组织的价值需求。

接下来是价格体系设定，不同于前文的数字化，我们这里说的产品价格体系，更多是针对渠道的。前一节讨论定价时，我们主要说明对消费者我们的产品价格应当如何确定，在实际销售中，面对不同的渠道模式，面对不同的渠道利润诉求，面对竞品的市场投入，在上市之前，我们都必须对产品的价格体系进行设计。

设计价格体系的一大重点是要针对竞争对手的情况进行设计。在市场调研中，我们设定了市场部对渠道信息进行调研，了解到竞品的渠道利润，形成最终定价。其中需要注意的技巧是，如果是新品上市，通常需要将终端表现价格进行提升，留出足够的空间，一方面是针对竞品让利给渠道，另一方面是需要有一些费用拿出来做特价和消费者沟通活动。

我们提供了表8-1的工具供参考使用，其中显示，不同的渠道应当有不同的价格体系，每一个定价都应当结合竞品的表现来确定。当然，在实际操作中，竞品的产品数和我们的产品数往往都不止一个，需要对表格进行扩充。此外，对那些经常做促销的渠道，也应当留意促销价格与表现价格间的差异。

表8-1 价格体系设计工具

产品	规格	箱出厂价	长通路价格体系设定			
			中间商进价	中间商售价	零售进价	零售价
本品						
竞品						

产品	规格	箱出厂价	短通路价格体系设定		
			进价	售价	促销价
本品					
竞品					

对有些产品，消费者除了会比较单个包装的价格，或许还会比较单位产品的价格，比如折合到一定重量或者容量的价格，我们需要在进行价格设计时对这种情况予以相应的考虑。

许多企业都会对新品有一个上市方案，当然，方案不同具体内容不同，考虑到这种差异，我们只列出提纲作为大家制订上市计划的参考，而不说明具体内容。

在确定上市预算的基础上，可以结合前期投资进行一次盈亏分析，这样一方面可以让我们在市场投入上做到心中有数，另一方面可以在产能布置和规划方面做到有效合理。具体的盈亏分析方法，可以结合产品的边际贡献或者毛利，折合公司在行政和市场上的固定费用进行财务分析。

在表8-2中我们说明了一个产品上市方案应当具备的内容，除了这些内容，我们还需要做两项工作：新品费用预算与销量预算。

表8-2　产品上市方案内容参考框架

内容模块	主要信息
背景信息	产品上市目的、产品性能测试说明等背景信息
目标消费群	对目标消费者进行描述，并对消费者态度、行为特征分析
产品定位	产品定位描述
传播概念	产品的概念描述与支撑点的说服力资料
渠道要求	不同渠道的上货指标要求与推广要求
价格体系	价格体系与相应政策
上市销量目标	阶段性销售目标与回款目标
活动与支持	将会提供的后援支持

　　费用预算要结合不同的科目分类，对销售期间费用进行预估。比如，相应的销售费用实际很大程度上取决于我们所要做的市场活动，这些市场活动的主题和数量都应当在产品上市之前详细规划，并且落实到具体的费用数量上。对机构费用，我们需要根据推广该产品的组织状况进行预算。

　　对销量预算，我们通常要求要做到"五分"：分区域、分产品（规格）、分渠道、分客户、分阶段。分区域就是根据不同的地区进行分解；分产品是对不同类别或者规格的产品进行分解；对多渠道的产品，在不同的渠道进行细分也是必不可少的工作；分客户是针对一些大客户展开的；分阶段是对产品推广进行阶段划分，在不同的阶段，设定合理的目标进行滚动推广。对具体的产品，可能在这"五分"上会有不同的要求，要灵活掌握。

我们对上市方案及背后的预算，通常要做到非常细化，只有不断细分到我们每个人可控的目标，分解到具体的业务小单元，才有可能保证目标的可衡量和出现误差的可分析。

在实际的市场操作过程中，我们也遇到过将预算当作任务分摊的情况，尽管任务可以分派到人，但大多数都没有取得理想的业绩，对此，我们想强调的是预算是，基于市场机会和方法形成的估算，不能依靠强制性分配来实现。

产品经过验证后，最好在一个小范围市场进行试销，如果有问题，及时调整和解决。这个时候上市时机已经成熟，在上市之前还要进行一项重要工作——客户价值的内部交付，就是要把产品和产品价值、产品价格、产品使用方法和最佳备选产品的价值对比等内容要交付给公司的工作人员，最好做到全员皆知。

客户价值过程管理

价值固化，实际上通常涉及采购、生产、研发和营销几个部门。一个产品的固化，营销部会提出概念落实到物理属性的问题，这个物理属性会涉及产品的原料、辅料、包装、生产工艺和研发技术等各个环节。其中原料的采购与供方的服务能力往往会直接影响产品最终的好坏，研发一个产品与批量生产一个产品往往也会存在较大差异，所以提出一个概念之后，还需要将这个工作分解到相应的职能部门。

价值符号化，除了采用外包方式，也需要在企业各部门间进行分工与落实，其中包括消费者信息的采集，这决定了对消费者记忆资源的掌握，也包括上游的符号化资源购买的市场行情等。

从价值量化来说，相对更多的是需要重新审视市场调研中对目标消费群体及渠道利润的一些描述和特征记录，通过对这些信息的挖掘去落实价值量化，这个工作主要由营销部和市场部主导，也可以通过会议讨论的方式展开。

为了更好说明工作过程中各部门的具体职能与分工，我们用表8-3对一些常规工作进行了分配，供大家参考。

表8-3 部门分工示意

部门	价值固化	价值量化	价值符号化
采购部	(1) 了解原料供应能力 (2) 了解供应商服务能力 (3) 了解相关的新技术、新材料信息	了解成本以及供应规律	相应符号知识产权购买
技术部	(1) 工艺实现的难度分析 (2) 技术开发 (3) 自身技术优势判断与描述	描述成本控制方式	相关技术信息提供
生产部	(1) 生产可行性判断 (2) 生产成本核算	有效控制成本	在适当的地方进行标识宣传
市场部	概念支撑分工安排	(1) 利润规划与分配 (2) 价格体系设计	(1) 符号化元素抽提 (2) 符号元素设计 (3) 符号推广传播的方案规划
销售部	(1) 消费者信息挖掘 (2) 渠道现有信息挖掘	(1) 消费者信息挖掘 (2) 渠道现有信息挖掘	(1) 消费者信息挖掘 (2) 渠道现有信息挖掘

此外，目前许多产品开发并不是由企业独立完成的，很多新品的开发实际上有供方或者用户的参与。这个参与过程大部分从概念定型开始，当然也有一些企业从概念提取就要求咨询公司或者广告公司参与，这些咨询或广告公司，实际上也是企业的供方。

关于供应商参与产品开发，我们认为通常具有两种潜在的逻辑。其一是供应商可以提供更多的信息资源，无论是咨询公司、广告公司，还是某项技术或者设备的供应商，其在信息层面往往具备一些组织自身不具备的资源，通过引入供方共同开发，实际上可以扩充知识面。其二是通过这种协同开发，实际上可以降低大家的总体成本，加快开发进度，针对具体的客户需求，供方可以根据其操作经验和生产能力，提出相应的方案，这种提前参与的方式既可以缩短开发周期，也可以使双方充分共享信息，找到创意性的解决方案。

用户参与产品开发，通常是通过在研发过程中与客户进行充分互动，这种互动的目的可能是为了了解客户需求被满足的程度，也可能是直接验证产品的实际效果。需要注意的是，我们在协同开发用户的选择上，不仅需要选择我们的目标客户，还需要选择目标客户中具有先进意义的客户。

无论是供应商参与开发，还是用户参与开发，都需要注意开发信息保密的问题。在产品还未成熟之前，泄露产品信息无疑是非常严重的问题，除了相关法律约束之外，工作包分解也是保密的重要手段。

【案例讨论】年份原浆助推古井重返徽酒之巅

"王朝的背影"

古井贡酒厂坐落在安徽省亳州市，1959年建厂，是计划经济时代老八大名酒品牌之一。20世纪80年代，在从计划经济向市场经济转型的过程中，白酒市场萧条不振，古井酒厂抓住先机，通过"降度降价"（降低白酒度数的同时做老百姓能消费得起的品牌白酒）这一市场动作，率先在白酒行业冲出了从计划经济向市场经济的转型阵痛期。1996年，作为安徽省第一支B股、白酒产业第一支A股在深圳证券交易所先后上市，古井贡酒成为中国白酒业第一家上市公司。

2000年后，随着改革开放的深入，经济和消费势头迅速发展，各地酒厂也都完成了经营转身，伴随着其他酒业公司的兴起，古井贡酒反而变得被动起来。2000年到2005年，皖北的口子窖在70元左右价位推出了五年口子窖，与古井同处一地的高炉酒厂推出了50元价位开始的高炉家酒系列，皖西南的迎驾酒厂也推出了迎驾贡酒系列，在这个各家产品持续升级的时候，古井贡酒仍然以40元价位主打市场。为了应对市场的变化，古井推出了古井淡雅系列，但未能改变市场格局，只能依靠亳州周边市场维护市场地位。

到了2007年，企业内部高管的经济案件和市场销量下滑同时发生，企业员工士气一落千丈，可以说，古井已经到了不得不背水一战的时候。但此时古井的企业资源非但不能支撑企业进行全国层面的市场推广和品牌宣传，甚至在安徽的酒水市场也已经被追赶者超越。

奋力一拼还能够柳暗花明吗？

回到起点

从当时的企业内部来看，2007年之前的古井贡酒为了扭转颓势不断推出各种细分市场的产品，但效果并不理想，已经达到1800个单品规模，但许多产品本身销售规模很小，利润贡献有限，占用了大量库存和资金。因为销量不振，原酒积压，部分窖池已经间歇性停用，供产销各环节运行不畅。

从当时的市场环境来看，古井在全国市场上已经随着各地产酒突起逐步变得边缘化，除安徽市场，只在周边的山东、江苏、河南和浙江还具备一定规模。企业的大本营，整个安徽的市场格局已经定型，以省会合肥为例，有长时间占位的口子窖（主流产品终端零售价提升到90元左右），还有占据市场主流地位的高炉家酒，更有通过渠道渗透不断扩大市场份额的迎驾酒，金种子酒也在跃跃欲试开发合肥市场，仅依靠中低端品牌形象的古井淡雅想拿下这块市场，谈何容易？而且在当时，古井也根据自己的传统工艺特点推出了九酝妙品产品，以贴近口子窖的价位带在餐饮等渠道进行推广，然而一年过后，高昂的渠道推广费用并没有换来多少市场份额，消费者对产品的认知度也不高。在餐饮渠道推介时，许多消费者的第一反应便是古井淡雅只卖40元左右，为什么九酝妙品要这么贵，是不是一样的口感？

但从市场上反馈的也不全是负面信息，消费者调研显示，许多消费者仍然认同古井是一个"老牌子"的酒厂，具备做好酒的能力。对当时市场上的部分产品，部分消费者提出那类厂家是"不冒烟的工厂"，主要依靠买别人的基酒进行勾调，没有自己的口味特点。

在这种情况下，古井企业内部出现了不同的声音，有人认为应当继续延续当年古井酒降度降价以实惠价格优惠消费者的成功模式，中高端产品市场推广费用大，根本不适合企业实际操作。但在市场整体形势看好的大背景下，之前多年的经营思路已经明显跟不上市场变化，这样下去可能仍然无法改变状况。另一部分人认为，随着消费能力提升，消费者更愿意花更多的钱消费更好的产品，原先保守的经营策略丧失了先机，造成了经营滑坡。但一方面是不得不量入为出的市场推广费用，另一方面是市场上各家竞争对手持续大规模的市场投入，而且已经推广的产品未被市场真正接受，市场调研也显示消费者已经对古井酒形成了中低端的品牌认知，这个时候继续推出高端新品，难度可想而知。

尽管思路不同，但关于产品却有着共识，那就是原先的产品线已经给消费者留下了根深蒂固的中低端印记，要想树立高端形象，就不得不开发新的产品线。如果能够依靠古井自身较大的原酒储备推出一款让消费者认同的产品，成功的可能性还是比较大的。

这款产品该是什么样的？又该如何避免推广不力的局面呢？

新的征程

古井在认真反思了开发合肥市场的经验教训后，提出了以消费者价值为焦点、以渠道价值为核心的营销方案。

在消费者价值方面，通过对消费者的调研，古井决定放弃九酝妙品这种以工艺价值为重点的系列名称。消费者反映许多酒厂购买其他厂家原酒生产的酒体没有特点，而古井恰恰具备这方面的竞争优势，于是古井决定推广原浆酒系列产品，结合消费者"酒是陈的香"的认知，对产品按照不同储存年份进行产品线划分，如此古井便找到了消费者价值焦点（如图8-3所示）。

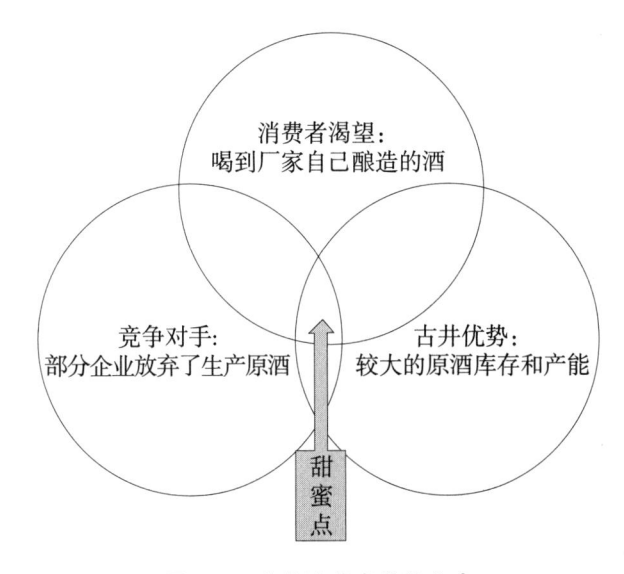

图8-3　古井消费者价值焦点

在渠道价值方面，古井把市场划分为生存（安徽）、发展（江苏、山东、河南、浙江）和潜力（北京、广东等）三大板块。先聚焦资源，在生存区成立合肥市场战略运营中心，以直分销的模式开拓市场，厂家在餐饮、团购等渠道直接投入，做出样板市场之后再手把手帮助经销商开发流通业务。

针对消费者客户价值的产品设计，不仅是提出年份原浆的概念，更针对产品的各项技术特点进行设计，包括酒体本身和包装等，具体设计内容如表8-4所示（具体参数未列入）。

表8-4　古井针对消费者客户价值的产品设计

名称	度数	容量	价格区间	终端价	包装材质	包装风格	酒体特点
26年原浆							
16年原浆							
8年原浆							
5年原浆							
献礼原浆							

针对渠道价值，古井吸取了之前投入高额市场推广费用的经验教训，在产品设计的时候便充分考虑渠道价值，对产品价格体系进行了规划，包括各层级的利润及厂家预留的市场费用率，具体设计内容如表8-5所示（具体参数未列入）。

表8-5　古井针对渠道价值的产品设计

名称	保底价	费用率	出厂价	二批进价	终端进价	零售价
26年原浆						
16年原浆						
8年原浆						
5年原浆						
献礼原浆						

确定了产品的一系列技术特征和成本之后，便由技术部门负责根据酒体成本和香型特点进行产品开发，设计部和市场部负责包装设计和打样工作。产品定型之后，鉴于企业资源的有

限性，在推广动作的节奏性把握方面，仍然需要注意。产品一经准备完毕，2008年年初开始在合肥推广古井贡酒8年年份原浆，在这个动作开始的同时，古井的另一款产品5年年份原浆已经在计划之中，各项产能提升的安排也已陆续启动，为后期的增量扩产做准备。

2008年上半年的合肥市场，以在餐饮渠道的赠饮、团购渠道的大力推广为进攻号角，古井贡酒开始了合肥样板市场的攻坚战。在市场上，针对当时合肥餐饮渠道较高的买店费用（白酒在酒店销售需支付的进场费用），采取了佯攻餐饮、做实团购的策略，在酒店主要通过进场营造气氛，在团购资源方面则通过与团购经销商共同开发的方式进行资源深挖。在产品方面，8年原浆一经上市，便在消费者方面获得高度认同，凭借过人的质量获得许多奖项并被许多活动作为指定用酒。但仍有许多消费者反映价格太贵，不适合普通百姓消费。结合这样的市场呼声，在年中并非销售旺季的时候，5年原浆上市了，120元左右的价位，让消费者在口感和价格之间找到了平衡点，尽管时处淡季，仍然有不少经销商要求打款订货。

古井的步伐并没有因5年原浆被市场认可而停止，经过一年多的准备，2009年国庆节期间，依靠过去两年在窖池和储存的准备工作（从年份原浆上市起，每年恢复3000吨到5000吨的原酒酿造），古井陆续开发了三款新品，分别是90元价位的献礼原浆、400元价位的16年原浆和800元价位的26年原浆。这样，经过三年左右的时间，古井在打下合肥这一战略市场的同时，还完成了从100元到1000元不同价位的产品线开发。

实效

经由年份原浆这一中高价位产品的推动，古井的产品结构大幅改观，形成了年份原浆（100元到1000元）和淡雅（50元到100元）两大系列产品为主导，老贡酒（25元到80元）、5年陈、10年陈为策略补充的清晰产品架构。产品线从1800个单品梳理到200个左右，有效改善了供应链效率。

与销量同步增长的，是业务团队不断增强的市场运作能力，通过餐饮、团购、流通和商超渠道的有效互动，古井形成了一套自己独特的渠道操作方法，并努力将这种市场运作方法在更大的市场范围推广。

【思考与讨论】

1. 古井通过九酝妙品开发合肥市场，与后期通过年份原浆产品系列开发市场，有何差异？

2. 对不同产品，针对客户价值和渠道价值的产品线设计应如何设定具体指标？

第九章 展示价值

【导读】

展示价值

含　义　展示价值包括两层含义，一是将产品所能提供的价值方案展示给顾客，二是将顾客所获得的价值展示给更多顾客。

重 要 性　在实际营销工作中，因为下游资源的有限性，我们看到许多因为展示价值没有做好而失败的案例，很多让人扼腕叹息的失败案例并不是因为产品本身的问题，而多是"好酒"输在了"巷子深"上。不能被顾客感知的价值，往往很难取得市场上的成功，认识到这一点，也就不难理解展示价值的重要性了。

方法概述 我们通过4E来进行价值展示。

Exchange：价值换算

——将价值换算为顾客能感知的"货币"。

Exhibit：价值演示

——通过各种方式将价值演示给顾客，让顾客感受。

Evidence：价值例证

——对价值逻辑进行证明。

Evaluation：价值评估

——协助或促使顾客对价值进行评估，使顾客铭记价值。

结构概述 本章主要讲解如何通过4E组合进行价值展示，首先将抽象的产品价值转换为消费者容易理解与感知的"货币"；其次利用道具、团队演练的方式进行价值演示，并通过价值例证向顾客证明价值的真实性；最后通过促进顾客对价值进行评估的方式让顾客铭记价值。此外，我们也在最后说明了如何在销售环节应用展示价值的方式进行工作推进。

要　求 读完本章后，应该掌握以下几点。

展示价值的4E组合的步骤与关键要点。

有哪些能够让客户感知并铭记价值的技巧。

如何在销售环节应用展示价值。

价值的换算、演示、例证与评估

Exchange：价值换算

消费者不能感知的价值便是难以衡量的价值，由此可能带来价值失效。消费者能够感知却无法确认的价值，往往让消费者产生犹豫，影响市场推广，带来价值失真。基于这两点，我们不得不注意将价值换算成客户容易感知并且易于确认的"货币"。

我们将这种换算工作分为两个方面，分别是换算进入同一语言体系和换算进入同一单位。

对同一语言体系，我们发现如果不能很好地用顾客的语言体系将产品价值展示给顾客，让顾客觉得物超所值，往往就不能产生好的销售业绩，而那些能够使用与顾客同一语言体系的产品，则相对更加容易胜出。

具有很好概念的产品，在市场上因为语言体系问题无法被消费者感知价值的案例，常见于主推纯天然食材的餐厅。虽然消费者都知道天然的、原生态的食材有利于健康，但在价格有差异的情况下，如果不能通过价值展示把纯天然的益处表达出来，消费者仍然不会产生消费触动。可以说，消费者不关心你是谁，他们只关心你能够为他带来什么。

在茶粉市场的竞争中，我们看到了一个使用消费者语言胜出的企业——大闽茶粉。茶粉是销售给茶饮料企业的工业品，企业购进可以冲调的茶粉制作茶饮料。2005年前后，各家茶粉企业普遍以茶多酚含量作为茶粉核心指标的时候，大闽反其道行之，提出了"能够还原九成以上现泡茶口感"的语言体系，最终在市场上胜出。如此我们可以看到，即使是工业品专业采购，使用消费者的语言体系仍然是重要手段，茶多酚可以用数据来量化质量，但并不能让客户产生明确的感知，一旦我们理解了这一点，将之换算成消费者理解的语言体系，便取得了价值换算的成功。

对换算成同一单位的问题，我们侧重分析那些无法或者较难量化的单位，这种量化往往需要通过包括使用道具的特殊手段来建立量化单位。

比如一些以去屑为卖点的洗发水产品，去屑是一个价值点，但如何就这个价值点进行换算呢？难道以每平方厘米有多少粒头屑为单位吗？我们看到有些企业开始配备可以对比观察去屑效果的卡片，通过不同头屑密度的图片与实际情况进行对比，便可以将产品的使用效果转化成具体可以沟通、确认的量化标准。

还有一些以美白为卖点的牙膏也会随产品附送比色卡，在开始使用牙膏的时候，对比比色卡确定牙齿的颜色，使用一段时间之后再进行对比确认，以此让消费者了解牙膏的效果。

珠宝销售的此类换算做得比较成功。这类产品价高、购买频次低，消费者担心上当受骗，往往决策困难。比如我们中国人喜爱的白玉、翡翠，一块动辄几十万元，购买频次又低，消费者往往很难了解这些几十万元的产品与那些几百元的产品究竟有何区别。通常为结婚才会购买的钻戒，也是价高、购买频次低的产品，想让消费者对其价值有所了解，就必须对产品进行价值换算，将之换算成消费者能够度量的单位。钻石行业采用4C的价值换算方式，通过切工（Cut）、净度（Clarity）、克拉（Caratage）、颜色（Color）四个维度对钻石的价值进行衡量，切工细化为有多少个切面，净度则衡量杂质含量的多少，克拉是重量单位，颜色可以使用比色卡对比，这样就将原本不好衡量的价值换算成为了几种消费者容易理解的单位，成为一个很容易进行沟通和展示的价值。

Exhibit：价值演示

对不同的产品往往有不同的价值演示方法，这里我们整理常见的几种价值演示方式，供大家参考。

演示法是通过演示产品进行价值展示。我们在超市中看到许多不粘锅厂家会在摊位上表演现场加工食品，以此展示其不粘锅的性能。火车上推销儿童玩具，像变魔术一样展示玩具的各种功能，实际上也是演示法的应用。演示法的好处在于可以事先设定一套说辞，配上相应的道具即可以演示，缺点在于有时候无法与消费者互动。

对比法通常是通过对两种或两种以上产品的比较来进行价值展示。我们经常可以看到，电视上的洗衣粉广告会通过对比其他洗衣粉的效果说明自己的产品在哪几个方面能够提供更多的客户价值。这种对比的方法，往往很容易取信于消费者，但也存在两个问题，一是不能具体化对比的产品，这样做容易引起法律纠纷；二是必须在指定功能上确实存在容易比较的优势才能取信于消费者，若是不能在产品功效上胜出，采用这种方法无异于"自杀"。

体验法在体验营销异常兴盛的今天已经被许多商家使用。我们大家熟知的是苹果专卖店，要求所有产品在无人时全部以70度角陈列，因为这个角度会让消费者产生去调整的心理，进而触摸产品开始体验。我们还可以发现，苹果专卖店的店员不仅不会反感顾客使用样机，还会鼓励消费者尝试，通过这种体验的方式让消费者感受产品价值。这种互动的方式，无疑是非常具有说服力的，当具备了较好的产品力之后，让消费者亲身感受无疑是说服消费者购买的最佳路径，这也可以说明为什么越来越多的食品厂家开始采用赠送样品的方式来促销。但不得不说的是，体验法对环境的要求相对较高，不同的环境容易造成不同的体验感，因而需要在实施过程中对环境严格管理。同时，这种方法也会因为需要提供样品给顾客和对过程管理造成成本相对较高。

通过对这几种方法的说明，相信读者已经了解到具体展示的方法需要结合自身产品的特点，结合自身产品特点进行展示设计才是最有效的。当这些展示活动落实到具体的执行过程中时，我们除了要考虑不同展示方法的实效，还要留意执行难度和成本费用，综合考虑整体活动的效费比。

不少情况下，价值的展示需要道具，这是要特别注意的地方，不少营销人员认为这种道具类似于促销物资或者POP（Point of Purchase，店头陈设）展示道具，而忽略了那些能够帮助客户认知产品价值的道具。

比如我们看到，海飞丝作为一款以去屑为卖点的洗发水，配备了可以检测头屑数量的展示道具，结合产品的使用可以显示产品的具体功效。

还有美白牙膏，通过比色卡让消费者了解使用牙膏后牙齿颜色的变化，从而对产品价值产生有效认知。

再比如我们在珠宝零售市场中看到的4C展示工具，这里的4C不是指营销组合，而是指钻石的大小、色泽、净度以及切工。

多数时候，展示价值都不仅是销售部的事情，根据产品的不同，往往会涉及营销部、市场部和技术部等部门。

我们比较容易理解的是销售员在推销产品的时候要展示价值给客户看，但对那些日用消费品，销售员无法一对一销售，这个时候，往往需要招聘促销员进行定点或定期的价值展示。

我们在架构设计时，对渠道工作的分工，安排在了市场部，市场部需要对价值展示的频次、规模进行规划，营销部则可以理解成价值展示方法和道具的设计者，这样就还会牵扯采购部对展示道具的采购。

比较少见的是技术部在展示价值时扮演角色，但是对那些以技术专长作为卖点的产品来说，技术人员现身说法无疑比销售人员具有更大的说服力。这么说，应该就不难理解技术部在展示价值时需要做什么了。

Evidence：价值例证

组织主张的价值，客户并不一定总是认同的，这时便需要通过价值例证向客户证明价值的真实性。价值例证的过程，实际上也是对价值进行信任背书的过程，逻辑相对简单。我们在此主要说明几个在价值例证中容易出现的问题。

问题一：有声音、没图像。我们看到有些产品的价值例证往往以口头宣传的模式展开，容易给客户造成道听途说或者随口说的感觉。一些口头的宣传，如果再碰上喜欢"江湖口"或者夸大事实的业务人员，不仅起不到例证的作用，反而会让客户对产品产生不好的印象。所谓"无图无真相"，这种例证的方式并不容易取信于客户。所以，我们在产品设计开发阶段就要留意收集图片信息，并形成相应的档案资料，用看得见的案例来说明问题。要记住读图更方便，图片也更体现真实性，能够进行有力例证。

问题二：虚构机构。我们总会看到各种虚构的软硬广告，有的模仿电视台的新闻形式，有的自己造出一些并不存在的科研机构。这些广告中的产品昙花一现之后便迅速消失，其原因并非市场淘汰，而是这种虚构的方式让消费者感到被欺骗。在市场信息逐渐透明化的趋势下，虚假信息会让消费者产生极大反感，造成最后丢失市场。

问题三：夸大案例。夸大效果会给消费者带来超乎正常的预期值，可能会快速获得客户，但也容易造成客户满意度低，往往并不能带来持续销售。例如一些培训公司，号称为很多大企业服务过，但深入了解之后往往会发现这些培训公司对那些大企业提供的都是非常边缘化的服务。夸大，不仅不能带来客户信任，反而会推高客户预期，不利于客户对价值的认同。

问题四：无参与感。价值例证的过程也是通过案例对产品价值进行背书的过程，需要让消费者通过案例与产品建立联系，没有参与感的例证往往会让消费者置身事外，无法达到应有的效果。造成这种情况的原因多是案例准备不足，或者是对客户类型把握不准，例如以B2C的案例去面对B2B业务，很难让客户产生参与感，反会让客户产生负面的评价。反观一些形式活泼的产品展示方式，通过情景化的场景，会使消费者有代入感，很容易产生信任。

在互联网日益发达的今天，对任何有怀疑的信息，通过网络都很容易辨别真假，以前那些编故事的方式已经不再能够取信于消费者了，例证的真实性、易读性越来越成为关键，了解这些，便不难找到适合自己产品的例证方式。

Evaluation：价值评估

在实际工作中，由于信息量过大过多，消费者往往会在感知价值之后迅速遗忘，所以营销人员应当主动设计一些环节或者应用道具让消费者对价值进行确认，比如加强消费者对产品功效认知的道具，或者对消费者的使用效果进行回访。通过这些事先设定的对价值进行评估确认的工作，可以增加消费者记忆价值的概率，从而实现价值展示的目的。

我们这里主要说明价值评估工作的时机选择、评估方式以及评估参与人三个要点。

关于时机选择，通常认为应当选择在客户获得价值之后最短的时间周期内，甚至于当时、当地，因为这时消费者对价值的感知最清晰，不至于遗忘。例如网络，各平台都会邀请顾客对收到的商品进行点评，顾客还可以在使用后追加评论，如此消费者能够产生持续的价值感。

关于评估方式，除了评论之外，还可以考虑一些定量的方式。对一些工业品带来的价值感，可以通过换算的方式形成具体的可以量化的价值评估，比如某种产品带来的额外利益或者减少的损失风险，都可以形成具体的量化价值与客户进行确认。

在评估价值的时候，评估参与人除了直接客户，通常还会牵扯到关联方。以工业品为例，具体评估价值的除了采购部门，还应当包括使用部门和相应的技术部门，这些关联方都有可能参与采购决策，所以有必要让它们也参与价值评估，具体的方式包括会议、论坛等。对一些消费品，除了客户以外，客户家人也可以成为价值评估者，这些群体会形成信息的交流与共振，从而提高评估效果。

由此可见，一次有效的价值评估可能是消费者的一句口头肯定，也可能是一篇热情洋溢的感谢信；可以来自感受到产品价值的那一刻，也可能来自定期的回访。除了直接的顾客之外，关联方也可以参与到价值评估中来。尽管评估方式不一样，但目的却是一样的，即让消费者通过自我暗示记住产品与品牌。一次有效的价值评估，还可以成为一个价值例证的案例，比如各种包括意向客户参与的价值评估过程，既可以让已经获得价值的客户对价值确认、铭记，还可以让现有客户成为例证，使意向客户了解其可以获得的价值。

销售环节中点对点的价值展示

在实际销售过程中，我们会通过成功的案例进行销售推广，这就首先牵扯到要找到种子客户或者说核心客户，这样的客户不仅是能够认识到我们价值的客户，还是能够帮助我们证明价值的客户。

谈到核心客户的时候，我们首先遇到的问题是：谁才是真正的核心客户？是那些销量占比最大的客户吗？是那些最忠诚的客户吗？可能是，也可能不是。

这里所谓的核心客户，对不同的产品来说，可以是渠道客户，也可以是最终消费客户，在普适性方面通常有以下四个标准。

第一，核心客户是先进理念的代表，愿意接受新思想、新观念，敢于挑战旧习惯、旧思维，并且有威望和影响力，认同企业经销风格，这样的客户才能有意愿对现有市场格局进行改变。

第二，核心客户代表当地先进生产力，经营水平较高，愿意接受新技术，对各项经济指标愿意做详细记录。

第三，核心客户是当地客户利益的代表，不仅能维护企业利益还能维护客户群体利益，愿意传播先进知识和经验。

第四，核心客户是对竞争对手产品不满意的客户，或者利益和市场受到竞争对手影响的客户。

这些客户既是我们市场信息的来源，也可以配合我们的销售工作开展各项活动，还可以是我们打击竞争对手的合作伙伴，也对我们开发其他目标客户起着非常重要的作用。

在确定了上述四个标准之后，结合市场调研，选择核心客户便不是很难的工作了。在与核心客户形成合作以后，还应该不断深入工作，与之形成长期的战略合作关系。

在常规的业务操作中，帮助客户做好经营管理工作之外，还有几点工作我们需要注意，一是要不断解决核心客户的生产和生活问题，既要关心他们的生产经营，也要关心他们的日常生活，真正以客户利益为关注焦点；二是要不断传播创新和迭代思想，让客户觉得和我们的每一次交流都有价值；三是要让核心客户经常感到自豪和受到尊重，加深与核心客户的友谊。

开发核心客户，往往会遇到失利的情况，这个时候要注意讲话留有余地，尽量少说江湖话，最好能与客户一起分析客观原因，即使不能成功合作，也要耐心听取客户的建议，为将来的业务开发留下机会。

核心客户的重要性不言而喻，但实际上我们也时常说：一定程度上，核心客户不是培养出来的。所谓不是培养出来的，指确定核心客户这件工作本身具有一定的随机性。

我们不能否认在许多区域，客户的理念会受到当地民土民风的影响，市场规模和客户规模也有种种制约关系，竞品情况也是不可控的因素，这些都使梳理核心客户的工作有时候不能按照我们的预期展开。但我们仍然要确信的一点是，这项工作对我们重要且有利，短期看来有随机性，如果放到长时间的市场开发和持续的努力中，仍然是可控的，因而必须坚定不移地挖掘我们的核心客户。

由于核心客户能够将我们的价值进一步展示给周边的人，所以具有价值认证的特点，在营销工作中，应给与其适当的确认，包括合作建立工作站，给予其"最佳合作伙伴"一类的精神表彰等。

销售环节中点对面的价值展示

在销售工作中，除了点对点的价值展示方式，还有点对面的价值展示方式。曾国藩论述战术时说：身躯之大，针灸不过数穴；疆域之广，所征不过数处。这种战术思想，在营销学中，尤其是在面对不均衡市场时，有着非常广泛的应用。

标杆渠道的价值展示

每种产品都有一些自身的渠道特点，哪怕是同一类产品的不同规格，也会因为消费者消费习惯不同而产生渠道特性。在许多场景下，产品渠道又不是单一的，即使是工业品，也有直接渠道和中间人渠道之分，只是以渠道复杂程度来说，还是消费品的渠道组合较为常见。

标杆渠道的意义体现在销量贡献、价格窗口和形象平台等方面。在一个产品的诸多渠道中，会有一个渠道是销量贡献最大，或者是贡献了大多数利润的。价格窗口的意义在于，许多新品在推广的初期，价格并不为广大消费者所知，一个能够保持刚性价格展示的窗口，无论是否有足够的销量和利润产生，其价值都很重要。形象平台通常体现为可以通过嫁接渠道品牌的方式提高产品的品牌价值。

比较能够形象解释标杆渠道功能的是国际市场上的烈性酒销售。与中国白酒销售将渠道分为餐饮、商超、团购、流通和专卖有所不同，国际上烈性酒的两大酒商帝亚吉欧和保乐力家的渠道分类方式是将渠道形态分为免税系统、开架销售和即饮系统三类。其中，免税系统更多作为形象平台存在（当然这个系统的销量贡献也比较重要），消费者在世界各地的免税店都能够看到某个品牌的产品，自然会对这个品牌产生国际化的印象，免税店相应的价格优势也会让消费者产生购买冲动。开架销售包括我们日常所理解的商超、食杂店等业态，在这些地方，产品的价格相对较高，但能够依托层级渠道产生比较大的销量，所以可以理解成利润贡献的渠道。即饮渠道通常指酒吧、酒店，在这些场所，人们购买产品后会即刻饮用，所以在渠道作用而言，即饮渠道的重要价值在于能够引导产品的消费潮流。

可以说，不同的渠道，会因为渠道里消费者的客户价值实现方式不一样而具备不同的功能，在企业组织看来，也就具备了不同的价值。在市场开发的不同阶段，发挥不同渠道的功能特长，往往能够形成较好的渠道组合效果。

标杆终端的价值展示

明确标杆渠道之后，企业通常会聚焦打造标杆终端。

该如何评价一个终端的价值？具备了哪些要素才能够被称为标杆终端呢？评价的标准不是唯一的，各行各业的判断方式也略有差异。

在快消品营销中,我们对标杆终端通常定义为那些在销量、客流量、形象各方面都能够成为榜样的终端,这样的终端无疑给了其他终端效仿的价值。这是比较好理解的一种标杆终端。

在实际运作中,我们还会对这种标杆的价值加强量化,强调在这个终端,必须做到对竞品遥遥领先。战术中有一种说法是集中优势兵力歼灭敌人有生力量,西方的战术思想将之称为蓝彻斯特战略,其理论基础是说在一个局部地区,当我们的力量压倒敌人时,歼灭敌人所消耗的资源远远少于双方势均力敌时歼灭敌军所耗费的资源。

那么什么样的力量比例才能叫作压倒性优势呢?蓝彻斯特战略中提出了一个说法——"根号3",就是说根据对战争的研究,当我们的实力大约1.7倍于敌人的时候,便可以说具备了压倒性优势,可以达到歼灭敌人而自我损失较小的效果。应用到营销工作中,如果在一个区域或者一个渠道,我们相对较难统计我们与竞争对手的力量对比,那么一个终端则可以成为我们进行这种力量较量的重点。我们在一个终端的销量能否1.7倍于竞争对手,可以作为我们评价标杆终端的重要指标。

标杆市场的价值展示

改革开放后,我国城市化的进程使城市居民的收入和收入增长率获得了领先,同时,东南沿海地区在经济上占据了优势地位。在这样的城乡有差距、东西有差距的大环境中,不同区域市场往往具有不同的意义。

在广袤的农村和西部区域，有着相对更大的消费人群，而城镇化趋势下，实际上城市化的生活状态吸引或者说是引领了消费者，于是在整体上，通常会形成东部引领西部，城市引领周边的市场形势。

在一些产品推广的过程中，应对上述背景的具体做法叫作"一线插旗、二线飘红"。即通过一线城市的引领渠道进场，通过政策的集中支持，做出样板区域市场，营造市场氛围，由于一线市场的各项费用相对较高，所以在这些区域市场操作，通常并不能带来明显利润，一线插上红旗的意义，在于引领消费潮流、创造良好的市场氛围，继而可以在二线城市招商、推广，便能够将市场氛围变现，形成良性循环。

这种模式中，比较例外的是各个地方的特产，比如南方的凉茶、东部的糕点、西部的酒和北方的乳制品等，由于这些特产在人们心智模式中的区位属性鲜明，往往都是从发源地向高毛利地区发展，这也是印证了心理价值在营销活动中的重要性。

我国各地区还会以一个城市为核心形成城市圈，这些城市圈通常都会有比较明显的支柱性产业或者产业聚集集群，比如皮革加工的东莞和温州，木材家具市场的佛山和东莞等。在这样的集群区域，会有可观的市场份额，但也无疑会形成最激烈的市场竞争。

在市场竞争日趋激烈和资源有限的背景下，许多厂家实际的切入市场策略会是切分部分市场作为宣传点和起点,再向周边传播。以规模养殖行业为例,行业的聚集地包括华南、中原和西南三大区域,如果想做成全国性的品牌,这几个市场无疑具有非常重要的意义。

我们对标杆市场的意义总结如下五点。

第一,建立绝对优势:在标杆市场,目标设定为区域第一,而且根据蓝彻斯特定律,应当保持对第二名1.7倍的规模,这样我们在区域内可以建立绝对优势。

第二,提高顾客的忠诚度:顾客的心智是有限的,成为第一名,哪怕只是区域的第一名,都可以让我们获得较高的顾客忠诚度,形成根据地市场。

第三,培养并留住优秀人才:从人才聚集规律来说,大多数人才都希望到优秀的组织工作,成为区域内的第一名有利于获得人才以进行更大范围的业务操作。

第四,获得更多、更好的情报:对第一名来说,基于消费者的认同感,可以获得更多的市场情报,无疑对下一步开发市场是非常有利的。

第五,大幅度提高利润率:伴随着销量提升的,往往是降低单位销售费用及管理费用,并且能够改善库存,提高资金利润率,第一名的品牌效应还可以降低应收款额度。

在打造区域市场的方法上,我们认为有普适性的方法是从深入研究区域市场的竞争态势开始,保证对区域内客户的高频率、高质量拜访，从以标杆客户形成单点突破开始，形成多产品围攻，最终实现细分覆盖。按照不同阶段进行划分的话，这个方法可以分为调研阶段、开发阶段、单点突破阶段、多产品围攻阶段和细分覆盖阶段。

在竞争态势方面，对区域市场，我们不能局限于选择价值阶段所掌握的信息，许多时候还需要进行补充调研，这时的调研主要针对竞争对手展开（如表9-1所示）。

表9-1 区域市场开发调研内容、维度与作用

调研内容	调研维度	调研作用
重要信息反馈	最近发生了什么事件（数据、信息）	判断市场上的机会与威胁 寻找相应对策
	事件涉及哪些方面（知识—学理）	
	各方面相互关系（知识—经验、信念）	
	是否意味着与对手的强弱/优劣势转变	
消费者特性	商品偏好	掌握客户需求趋势 制订区域性营销方案
	购买地倾向	
	服务的要求	
	品牌的群体差异	
经销商状况	经销商问卷调查	为业务开发铺垫
	经销商背景状况调查	
竞争态势	竞争者概要与优势	判断企业面临的压力
	竞争者新举措	
销售实况	采集过去24个月数据	判断趋势、分析原因 确定区域性策略
	制作年累计销售额统计表	

在调研完成并确定相应对策之后，销售部应该再对区域内展开高频率、高质量的客户拜访。在这个过程中，除了寻求相关部门的配合，还应当对业务员的日常客户拜访进行管理，包括时间管理、行程管理和实效管理。通过这种高频率、高质量的客户拜访可形成有效的客户开发。

单点突破，有了客户和适销产品之后，应集中优势资源在一个产品上寻求突破。单点突破之后，需要借助单点突破产生的势能，建立案例库，迅速放大形成多产品围攻。在多产品围攻阶段，通常围绕主品牌延伸新产品，分摊费用与竞争压力。这个时候的新产品通常采取"高开低走"策略进入市场，通过一牌多品形成"产品群"，这样可以有效分散风险，应对竞争。这时往往也有了较好的市场基础，需要接触当地政府职能部门，在户外广告、税务、工商以及产品报检等方面更深入了解政策并获得支持。多产品围攻之后，还需要对市场进行细分挖潜，并最终达到对各细分市场形成覆盖的局面。这样做的主要目的是通过产品细分，满足不同消费需要，从而充分挖掘潜力，占有渠道资源，保卫市场。

第十章 传播价值

【导读】

传播价值

含　义　传播价值中的"传播"不是广告意义上的传播概念，我们将传播价值过程定义为扩大战果和复制胜利的过程，如此看，这里的传播指克隆、复制已有的成功业务，包括对消费者大脑的传播侵占、对终端渠道的传播侵占等。

重要性　一个组织在一定范围或者市场取得成功之后，能够对确定的顾客群提供价值，能够将这个价值很好地展示给客户，接下来这个组织能够取得多大成功就要看其能否将这个成功模式传播开来了。故此，如果说前面选择价值、实现价值、展示价值三个环节是从零到一的过程，就可以将传播价值环节看作从一到万的过程。

【方法概述】在本章中，我们将从"一体两翼模型"的三个方面来讲述传播价值。

一是以渠道为主体，分析如何在不同的阶段对渠道进行再设计，从而实现价值传播的目的。

二是分析如何通过线上动作这一翼进行价值传播，包括价值传播点、传播方式等。

三是分析如何通过线下动作另一翼对业务推动放大，包括常见的线下推广模式介绍。

渠道主体将产品推广到客户身边，线上传播将产品推广到客户大脑，线下推广将产品推进到客户组织中，这样便形成一体两翼的有效互动。

【结构概述】本章主要通过一体两翼的价值传播模型来说明整个价值传播工作如何开展，从主体渠道说起，继而说明两翼方法及与主体互动的方法。

【要　　求】读完本章之后，应该掌握以下几点。

价值传播一体两翼模型的具体内容与互动方式。

渠道主体在市场业绩复制过程中的应用。

线上线下两翼互动的价值传播与推广方法。

渠道：价值传播的主体

我们在一个点上完成了展示价值的工作，通过局部市场开发取得一定业绩之后，接下来就会面临着如何将这个业绩放大的问题。对于这个环节，我们通常采用的是"点、线、面"操作方式，点即是一个局部市场，"由点连线"的动作我们通常定义为渠道设计。对不同规模、不同阶段来说，渠道模式是不一样的，从一个局部市场走向全局市场，往往会因为不同区域的不同特点无法施展原有战术，需要对渠道模式进行重新设计，形成以渠道为主线的业务开发模式。"化线为面"的过程需要的一是产品价值信息的传播，形成拉力和品牌效应，侵占客户大脑；二是通过地面推广，形成推力和客户关系，构成覆盖面。

对不同的区域、规模和阶段，我们往往需要设计不同的渠道模式，这是因为各个区域往往有各自的操作特点，在快速发展阶段，受限于组织队伍和人力资源，往往很难做到一地一策，这就需要有针对性地选择渠道模式。

设计不同的渠道模式要注意两个方面。一是基于不同渠道的售卖习惯，各个渠道售卖的产品要有差异，比如药品通常会在医院和药店销售，在放大局部战果的时候，我们是否明确自己的一些战术手法；二是基于消费者的购买习惯，我们的渠道设计往往需要适应消费者的习惯，比如消费者习惯在药店购买药品，而不习惯在超市购买药品，那么我们在局部战役中是否对消费者习惯有了更深入的了解，让我们可以根据这些消费习惯设计渠道。

在我们所提倡的以客户价值实现为基准的营销系统中，我们更关注的一点是什么样的渠道模式会更有利于消费者的价值实现。比如在上面的例子中，为了让消费者在买药的时候尽可能方便、快捷，以及安全地实现客户价值，可以在便利店内售卖一些非处方药和较简单的医疗器具，又比如蛋糕已经越来越多在咖啡馆里销售，而不仅是在蛋糕店销售，这些做法能够在消费者产生需求的时候，以总体购买成本最低的方式快速实现消费者价值，实现价值最大化。

在常规渠道设计中，我们通常考虑的是渠道的宽度和长度。对那些消费对象广泛的产品来说，通常需要有较宽的终端设计，而为了能够在终端有足够的覆盖范围，通常又会设计许多层级，这样可以获得终端数量的增长。对那些并不以终端覆盖为主，而以单个客户的逐一公关作为核心业务的产品，则通常要尽可能减少中间层级，从而将尽可能多的资源集中在最终环节，尽可能多地寻求产出。

从这一点上看，尽管工业品和消费品在渠道模式上差异巨大，但在设计逻辑上是共通的，即首要任务是获得尽可能多的资金流，在降低物流成本的基础上，保证信息流少衰减。终端是距离客户最近的地方，因此我们从终端开始渠道设计。

首先，要明确在将价值传递给客户的时候客户最关注什么。交付周期？付出的时间成本？购物体验？其他？

  其次，在放大区域的过程中，在这些终端网点，该如何完成覆盖？比如在市场开发过程中，我们常常面对的是寻找区域代理商的工作，当然，渠道构建成本也是我们不得不重视的内容。

  沃施园艺从事园艺生产和零售业务，在园艺工具用品市场占有较大份额，业务覆盖全球主要园艺用品消费国家和地区的多个零售终端。公司以"创造绿色空间、享受健康生活"为使命，以外观新颖、功能丰富的园艺产品、不断创新的技术和运营模式，全方位引领、满足消费者需求，积极弘扬园艺文化，传播有益身心健康的生活方式。经过多年经营，沃施园艺成为集设计、施工、销售和维护于一体的，拥有自主知识产权、自主品牌和自营销售渠道的园艺综合服务专家。2010年，沃施园艺面对国内日益发展的园林园艺行业，便考虑起了渠道再设计的工作。

  图10-1是沃施园艺在市场开发初期的渠道设计方案。面对国内随着经济形势发展而不断扩大的园艺市场，沃施园艺逐步投入精力开拓业务，在这个阶段的渠道设计方案中，通过沃施工程、沃施艺术、沃施绿化等面向专业市场、居民市场、商业市场和政府市场发展渠道。

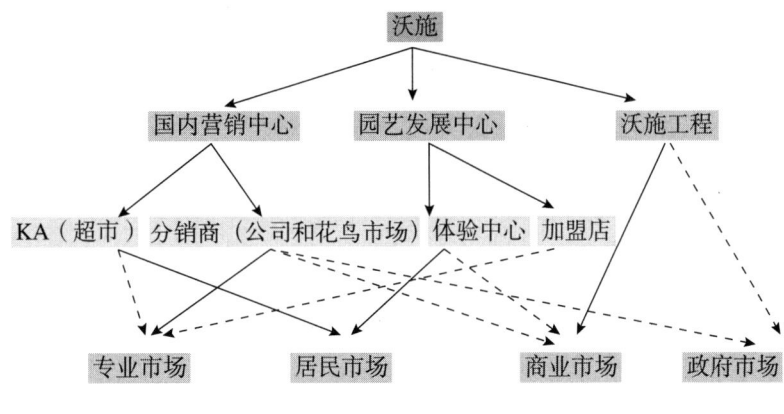

图10-1 渠道模式一阶段方案

这种渠道设计经过了一段时间的运营，企业通过实际销售对国内市场的最终客户有了更加深入的了解，面对快速成长的市场和相对滞后的业务增长之间的矛盾，产生了渠道升级的需求。

进行渠道再设计也要分步走。首先，对原有的四大市场的构成进行了更深入的细分，罗列市场客户的实际使用价值，并找到它们相应的供应链条，将价值链条上每个节点和相应的价值贡献确定清楚。其次，对原有渠道方案进行评估，发现原有的以三个中心为主体的覆盖模式，实际上是以公司形态为核心考虑的渠道设计模式，面对不断变化的消费趋势，需要将渠道形式完全以通路形态来进行划分，分成长通路、短通路和网络销售三种模式，按照不同模式对客户价值的实现重点进行升级。如图10-2所示。

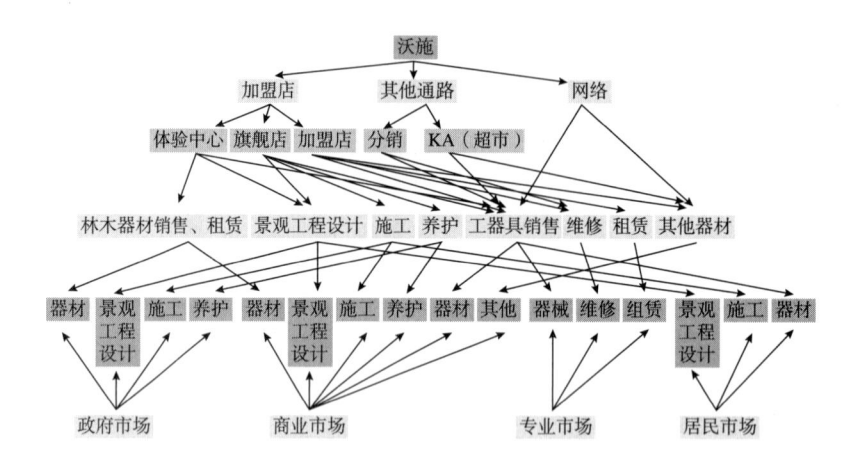

价值营销：以客户价值实现为基准的营销系统

图10-2　渠道模式二阶段设计方案

对比两个阶段的渠道设计方案，我们可以看出，通过持续的市场耕耘，沃施园艺在跟进消费者变化潮流的同时对渠道进行了更全面的覆盖，利用渠道与业绩相互促进的关系实现了市场扩张。

我们再说说消费品的渠道再设计工作。在消费品行业中也有与沃施园艺类似的案例，通过一个局部根据地市场开发，形成渠道操作模式，进而在全国范围内形成一种渠道打法。

比如洋河蓝色经典系列。首先通过在江苏省市场做密集开发、集中传播，建立了根据地市场，成为江苏省白酒市场翘楚。然后借助在根据地市场的业务拓展经验，整理出了多渠道互动的业务模式，依托团购和餐饮渠道的开发进行跨区扩张。这种业务模式是在空中传播的背景下，对周边市场进行涟漪式扩张，进而推向全国市场。

在渠道设计方案完成之后，会面临渠道构建的问题，这里面通常会有两种方式，一是复制别人已有的渠道，二是自建渠道。所谓复制别人已有的渠道，是因为许多产品都有与自己类似的产品，借用其他产品的渠道，往往能快速形成突破，成本也不高。自建渠道的模式通常以短通路为主，即开设专卖店。

在渠道设计完成之后，需要自建渠道的不在少数，特别是对那些品牌专卖店来说，自建渠道或者自建加盟体系是必需的一种模式。自建渠道的成本无疑是非常高的，无论是店铺的租金、装修、人员以及各种管理成本，都是不小的开支。但这种运营方式让企业乐此不疲的原因之一是店铺本身就是一个广告，同时也是一个体验中心，这样便省下许多广告和与消费者沟通的费用。只是这些自建渠道的企业，问题在于一方面是如何落实单店盈利的模式，另一方面是如何形成多店联动的渠道加和效应。

对于单店盈利，许多客户价值的实现地点并非只在店内，比如许多白酒的专卖店，实际上店面陈列销售仅以品牌宣传为主要目的，而在店外，通过配送和团购业务实现的销量往往超过店铺零售。

关于多店协同带来的渠道加和效应。一方面是品牌塑造的结果，比如一个消费者在不同城市都能看到某个品牌的专卖店，自然会认为这是一个知名度跨越不同地区的品牌。另一方面的加和效应则通常源自货品管理，不同店铺之间产品的调拨，实际上改变了整个渠道的资金周转率，进而降低了渠道运营成本。这两点分别从心理价值和功能价值改变了客户价值的实现。

尽管在设计渠道的时候，我们便会尽可能地考虑覆盖尽量多的终端，但在实际的渠道构建中，通常还会有一些终端成为盲点。原因有时是因为服务能力不足，有时是因为服务成本受限，但这些盲点可能对厂家有特殊的意义，所以不少企业选择了直分销模式。

例如在许多快消品的渠道构建中，都会考虑在各个地区寻找代理商，通过代理商进行产品配送。随着一些全国性零售终端的发展，如沃尔玛、家乐福的大卖场在许多地方都有不可忽视的销量，并会带来一些品牌附加价值。对这样的卖场，并不是所有的代理商都能够以地采供应商的方式进入，有时候可能因为代理商的谈判能力有限，有的时候也可能因为这些全国性的卖场希望直接从厂家拿货。这种情况便催生了许多产品的直分销模式，乃至三方合同的出现。直分销模式比较容易理解为厂家和渠道商各自发挥所长，在自己擅长的领域做强，三方合同是面对全国性卖场和厂家谈判，地方渠道商负责配送，在这种情况下，现金流、物流和信息流的渠道实际上发生了分流。

线上：制造价值传播点、网络推广、口碑营销

制造价值传播点

正确的逻辑常有，上好的创意不常有。想要做好价值的线上传播，首先要结合兴趣点与价值点制造出传播点。

无论是工业品还是消费品，想让消费者传播产品的价值点，都有一个共性的前提，那就是这个价值点应当与传播者的

兴趣点一致。不同的产品受众，其兴趣点往往千差万别，除了有共同的利益驱动，能够让价值点激起传播兴趣是最关键的因素。

在选择价值一章讲解挖掘价值关系的片段中，我们分析了女性选择珠宝产品时的兴趣点，并列举了她们在交流中的兴趣话题，包括产品是由谁购买的、在何处购买何品牌以及购买的价值（价格）。当我们产品的价值点能够与这些兴趣点契合时，客户便会倾向于主动与其他人交流和传播价值点，反之则会事倍功半。

对一些B2B的业务，我们在实际操作过程中，发现客户更加倾向于传播那些创造财富的"神话"，这些让客户心动的话题，就是他们的兴趣点，也是"痒点"，能够触及这个点并且"挠"动客户，就能够取得较好的传播效果。

这样一来，我们就不能简单将价值点等同于产品的USP（Unique Selling Proposition，独特的销售主张）。例如阿里巴巴宣传电子商务"让天下没有难做的生意"，但实际在传播过程中，更多的客户群体都是在传播通过电子商务平台达到了何种收入规模以及创造了哪些"传奇"，这些"传奇"验证了产品实效的同时，也成了客户群体津津乐道的话题，为产品的进一步推广奠定了良好的基础。可以说，USP是企业提炼出来说给客户听的，而价值点则更多是客户自己提炼或者衍生出的话题或故事，是说给相关群体听的。

对传播价值来说，许多动作已经超越了营销和广告的范畴，涉及公共关系和人性的把握，善用世俗人心才是真正的核心所在。

　　以加多宝的发展脉络来看，我们姑且将其分为借用王老吉品牌、使用红罐和推广金罐三个阶段。在其使用王老吉品牌经营时，一直传播的是"怕上火喝王老吉"，主要结合消费者"上火"的痒点进行传播。进入第二阶段，加多宝未能续约王老吉品牌使用权，传播价值点更多使用"红罐凉茶领导品牌"。在许多业内人士都认为在品牌时代加多宝将会被淘汰的时候，加多宝以"公益良心"重新触动了消费者内心的"痒点"，虽然没有将其在公益活动中的表现作为产品卖点，但其在公益活动中的表现则推动了消费者主动传播和推广加多宝品牌。进入第三阶段，加多宝提出"金罐升级"的策略，与当时的"土豪金"背景结合，金罐又成了消费者关注的焦点。在这几个阶段的价值点传播中，我们可以发现真正以产品为核心作为价值点传播的动作并不明显，但其传播效果却超乎许多人的预料，可谓是功夫在画外。

　　故此，我们不得不强调，传播价值点需要与产品有良好的契合，但更多需要找到打动客户的"痒点"，能够"止痒"效果是好，"越挠越痒"也未必不是好策略。

　　除了制造价值传播点，在群众观点越来越碎片化的时代，企业对外沟通到底该说什么，已经成为非常难以回答的问题，这使我们对客户价值实现为基准的传播主题也变得难以确定，边界非常模糊。在价值营销体系中，我们设定的产品概念就是为了应对这种情境。

　　我们在阐释选择价值时，一再强调产品定位和USP都不是我们的产品概念，是为了传播价值，在实际传播中，我们要求信息源必须紧密围绕产品概念展开，在一个市场尚未启动之前，要先进行概念导入，待概念成熟，立即切入市场。这里的概念，相对于产品定位来说，要更容易与消费者沟通，相对于USP来说，要更容易转化为具体的价值支撑点，让消费者可以进行价值对比。

这种情况下，我们对信息源的管理，实际上是要求在一个阶段内做到持续、清晰和统一，不要出现杂乱无章、模糊、不稳定的局面。

如果想做大传播范围，为了保证费用的使用合理有效，我们必须深入了解我们的消费者在哪些触点会接触到我们的产品信息。为了达成这一目标，首先需要确定客户——广义上的受众，包括消费者、渠道商以及那些可能影响他们决策的人。

受众是传播的主动者，媒介是被动者，受众并不是消极地"接受"信息，而是积极地寻求信息为自己所用。美国传播学专家施拉姆曾这样解释：受众参与传播就好像在自助餐厅就餐，媒介在这种传播环境中的作用只是为受众服务，提供尽可能让受众满意的饭菜（信息），至于受众吃什么、吃多少、吃还是不吃，全在于受众自身的意愿和喜好，媒介是无能为力的。受众是占据主导地位的，所以我们在营销活动中必须根据消费者的意愿，通过消费者喜欢的途径来向消费者传播信息。

前文我们讲的调研内容就包括这些消费者购买影响因素，以及他们对媒体的接触习惯，对传统媒体来说，这是比较容易做到深入了解的，在进行更大市场面开发的时候，必要时应当进行更大范围调研，从而做到投放的有效性。

网络推广

相对于传统媒体的稳定，网络推广的复杂多变使我们不得不专门对其进行说明。在网络信息爆炸式传播的今天，不管消费者是直接在网上购买，还是采用传统方式购买商品，网络信息的流通都已经明显影响了消费者的行为模式。

首先，网络推广应当做到的是从消费者了解信息开始参与。在过去，当我们需要购买一件产品但又不知道产品情况的前提下，我们所要做的事情是到不同的店面去对比同类型的产品，最后得出结论，做出选择。这样的模式极大受到消费者所在区域的环境限制。随着网络信息的丰富，今天消费者想要购买一件产品，第一件可能要做的事情就是到网上去看看这件产品的相关信息，从网上去得到他们想要的信息和数据，进行对比后做出购买选择。

如此背景下，我们的网上传播动作实际上是从消费者对价值进行比较时就要展开的。其中需要注意的有两点，一是答案式沟通，二是互动性沟通。在答案式沟通中，我们以微博上的高频字"求"为例，实际上在产生购买动机初期，消费者是在寻找一个答案，是在求解，价值营销环节中对这个需求的应对应当是针对顾客的问题形成答案，诠释价值。在互动性沟通中，需要我们做到的不仅是在网上传播价值信息，更要利用这个机会收集客户价值信息。

其次，电子商务的推广同样使原本很多比较烦琐的业务变得简单快捷，我们的业务模式和平台建设需要做到同步。以买衣服为例，在过去，消费者想买一件衣服可能要到时装城先挑选好看的产品，了解一下流行款式，然后再在不同牌子近似款式的衣服中进行对比，这可能要花两到三个小时的时间，要耗费很多精力，看中衣服之后还要对价格进行对比，最后才能买到自己满意的衣服。在电子商务发展越来越快的今天，做许多事都变得更加快捷和轻松。消费者足不出户，在家中轻轻点击鼠标，想要的款式、品牌、价格、型号等一系列数据就已经出现在面前，我们所要做的，只不过是在界面中做出自己的选择。同时，购买的过程也大大简化了，不用排队付款，电子支付非常便捷。等待不长的一段时间之后就会有快递人员送货上门。电商的快速发展给我们带来了过去难以想象的快捷，电子账户的使用带给消费者更加便捷的体验感。拥有良好信誉的客户甚至可以分期付款超前消费，这无疑又是一种大大的便宜。

在这个背景下，需要我们做的往往是根据不同客户的价值关注点建立相应的平台。对客户的心理价值，我们仍然要考虑通过那些具备较强体验感的渠道进行传播；对客户的物理价值，要尽可能通过低成本的平台进行传播；涉及效率价值，要考虑是借用现有平台还是自建平台。

口碑营销——让第三方说话

口碑传播指用户个体之间关于产品与服务看法的非正式传播。这类传播往往是在朋友、亲戚、同事、同学等关系比较亲密的群体间进行，在口碑传播之前，传播个体之间已经建立起了一种长期稳定的关系。因此基于口碑传播的口碑营销一个最重要的特点就是可信度非常高。在这些比较亲密的群体中，朋友、同事推荐的产品往往都是他们亲身感受过、体验过的产品，自然具有非常高的可信度。

口碑营销的另一个特点是高效性，比如消费者在选择产品时，掌握的信息往往比较片面，因此会在各种产品前犹豫不决，难以做出选择。如果这时这位消费者的朋友向他推荐了某种品牌的产品，并说了"这是我用过的，很不错"一类的话，那么这位消费者往往就会因朋友的推荐而选择这个品牌。

口碑营销的第三个特点就是低价性。口碑营销的费用是比较低的，它主要靠的是忠实客户的宣传，一个忠实客户的宣传发展了新的客户，新的客户发展为新的忠实客户，然后再发展新的客户，这样传播下去，企业的忠实客户越来越多，企业的营销活动也就变得越来越轻松。因此，口碑营销有时又被称为"病毒营销"。忠实客户因为对产品的喜欢程度很高，因此对产品的参与度也很高，就会不知不觉在小群体中传播企业产品的特点，并用自己的亲身感受说明这些产品的优点。从企业宣传方面来看，口碑营销就相对便宜得多，同时效果或许比大规模广告的效果还要好。

当然，口碑营销也有一个不太好的特点，那就是不可控性。我们无法主导消费者之间传递信息的内容，企业实际上对口碑营销的控制力是比较弱的。也因此，我们通常要让客户感到真实价值，才能由此展开口碑营销。

那么，企业应该如何进行口碑营销呢？

第一，从口碑的形成来说，先要顾客对企业的产品或者服务产生良好的体验感。只有客户体验过我们的产品，并且能满足他们的心理预期，他们才会认为这件产品不错，值得推荐。这就要求我们必须提供高产品或者服务的价值，然后来引领消费者进行良好的体验式消费，带给他们良好的体验感，体验式消费所带来的感受是深刻难忘的。

第二，从口碑的传播来说，信息的传递必须简单、快捷，使人一目了然，在短短的时间内就能让消费者记在心里，比如一小段脍炙人口的广告，或者鲜明的产品特点。顾客往往没有大量时间来理解和传播我们产品的特点，因此传递的信息必须简单、快捷和易于复制。

第三，现在的网络使消费者的言论变得比较自由，他们往往会在网上讨论各种社会现实问题，如果我们的口碑传播能利用公众的积极性将事半功倍。只有建立在公众需求和行为基础之上的口碑营销计划才会取得成功。我们的口碑营销需要大量的消费者群体，如果能利用公众的积极性，我们产品的知名度将会不知不觉在消费者间得到提升。比如本章案例中说到的农夫山泉引发的关于健康水标准的讨论。这场讨论最后的结果已经不重要了，重要的是农夫山泉通过这场讨论使自己"健康水"的形象深入人心，同时形成了口碑，这使农夫山泉在比其他瓶装水价格高出许多的前提下还能站稳市场。

第四，还应注意口碑的趣味性。我们通常说消费者喜欢一样产品，要么是因为有用，要么是因为有趣，因为有趣而能成为话题的内容，无疑更让消费者喜欢并且主动传播。

第五，还应当对口碑传播的导入者进行筛选，优先考虑意见领袖的群体特点。多了解消费者，尤其是具备引导作用的消费者，能够让我们的口碑营销更有针对性。

线下：学术、关系、会议与展会、POP管理

不同的产品和组织，适合不同的线下推广方式，这些方式本身并无优劣之分，只是看我们如何更好地使用它们，鉴于此，我们这里仅说明几种常见的线下推广方式方法供大家参考选择。

学术营销

对B2B产品，尤其是涉及使用方法较为繁复的产品，学术营销是常用的方式。比如处方药，上市之后通常会通过进入采购名单的方式快速进入成长期，在这个阶段，医生掌握了较大的主动权，如同消费品中的意见领袖一样，医生群体往往极大影响着销量的增长速度。

在这个阶段，许多成熟的医药企业，更多采用的是学术营销，即通过专业学术讲座和相互交流的方式，帮助医生了解药物，交流经验，进而更好地向最终消费者展现客户价值。在这个过程中，医生收获的更多是专业技能的提升及患者的尊重，消费者的价值也能够得到更好彰显，实际上是企业通过自身的努力获得了多方价值的和谐统一。这样通过学术交流和案例分享，使各种治疗方案能够在医生中传播，扩大药品被认识的范围，可帮助企业在产品的成长期和成熟期获得较好的业绩。

关系营销

关系营销并不是跟客户吃喝玩乐搞客情，关系营销首先是要深入了解客户的购买决策模式，了解不同人员对购买决策的影响力，进行因素排名。比如某单位购买一辆汽车办公使用，这里面涉及许多人对购买决策的影响，包括企业主管的影响、采购部门的影响以及驾驶员的影响。对不同的客户和产品，要先区分客户中不同人群对最终购买的影响力。

其次要了解客户中不同人群的信息关注点。同样是上述的案例，驾驶人员关注的可能是汽车的操控性能和保养的便捷性，采购部门会考虑品牌的知名度和性价比。在对不同人群的关注点进行深入了解之后，可以通过不同的关系影响方式，对其进行影响，最终获得有利于我们的购买决策。

会议与展会营销

严格来说，会议营销与展会营销并不是同一个概念，但它们同样都是阶段性开展的工作，具有许多类似点，所以将它们放在一起说明。

会议营销通常是通过召开会议展开营销活动，包括介绍产品、接受订单等，其意义在于拉近与客户的距离，并通过活动营造旺销的态势，将产品的价值形象充分展示，树立客户信心。这是我们快速启动市场以及普及产品价值信息的捷径。

会议召开规模通常以品牌或者分销商所能覆盖的市场半径为依据，并不以规模大作为要求，对大多数企业来说，还是要将人数控制在一定范围内。

从流程来说，第一阶段是制订会议计划，包括设定会议的目的和目标，对会议进行实际评估，预选客户邀请范围及确定人员名单，拟定讲座内容及预约授课老师并制作课件和产品价值展示道具等。

第二阶段是会议实施，包括选好场地、定好具体时间，然后开始邀约客户，并估测到会人数，同期筹备产品宣传资料、投影仪、白板等用品。需要注意的是，在会议前一天要再次提醒邀约客户并基本确认到会人数，确认发言或互动客户是否准备充分。实际会议中，公司在场人员要穿插客户中间引导良好氛围，并引导核心客户进行成功展示，发言和互动往往是会议的中心，最好能够有案例进行分析讨论，让大家充分参与。

第三阶段是会后回访与评估，包括对参会人员进行回访。通常来说，回访越及时成功的概率就越大。评估会议效果方面，不得不说会议带来的客户销量并非唯一的衡量标准，还需要对会议进行总结以及找到改进方案。这么来说，总结不仅仅是思想的梳理，更是下一步工作的起点。

展会营销与会议营销的相同之于在于展示价值以及各阶段准备方面，不同之处是往往不能组织大规模座谈。

POP管理（Point of Purchase，卖点广告）

相对来说，POP管理更多出现在消费品领域，当众多产品集中在一个终端陈列的时候，如何做好POP管理就变得非常重要了。在一个卖场中，消费者面对几万种产品，往往在每节货架前的停留时间都只有十几秒，在具体产品前则不过停留几秒钟而已，这种情形之下，POP管理的意义自然可见一斑。

除了我们常见的终端生动化管理之外，在价值营销中，我们对POP管理强调的是价值展示。本书在阐释实现价值时提出了对"价值锚"的符号化，符号化也是POP管理的利器，通过持续的价值展示，让消费者记住我们的符号，在日常的工作中，不断强化这个符号概念，从而实现消费者对我们价值点的记忆。

这里不得不提醒的是，符号化是利器，但务必做好知识产权的保护，否则这个核心资产可能并不能为我们专用。

【案例讨论】农夫山泉："有点甜"的水

破局

农夫山泉股份有限公司成立于1996年，以生产瓶装饮用水为主营业务。

农夫山泉成立之初的市场情况是，庞大的中国包装饮用水市场中，有为数不多的几个全国性品牌，包括屈臣氏、雀巢、娃哈哈、乐百氏等，另外大部分厂商均为区域性的中小企业。形成这种市场局面的原因有两个，一是瓶装饮用水的主要成本构成为包装成本和物流费用，所以大部分厂家的市场覆盖范围有限，通常覆盖到生产厂周边不超过500千米半径区域；二是一些具备了成熟的全国性销售网络和生产布局的企业，通过全国面的市场运作和传播，成为品类的代表，形成了为数不多的全国性品牌。按照正常逻辑来理解，这时的瓶装水市场已经是一个充分竞争的市场，面对如此局面，农夫山泉有机会拿下多大的市场份额呢？

农夫山泉切入市场的第一步并没有直面竞争，而是选择具备一定物流优势的区域，从竞争相对较弱的规格产品切入进去。1997年6月，农夫山泉4升装产品率先在上海及浙江重点城市（如杭州、宁波、温州）上市，定位高端，通过较为时尚的包装和相对较高的定价，形成了较好的消费者认知，很快便进入了注重生活质量的家庭。同年，农夫山泉在上海同类产品的市场占有率排名已跃居第一，形成了农夫山泉的第一个样板市场。

虽然在大包装饮用水类别获得了较大的市场份额，但从瓶装饮用水的消费特征来看，仍然是500毫升左右规格的瓶装水更能满足消费者及时性补充水分的需求。这种情形下，是继续以大规格产品切分其他区域市场，还是转换进入核心规格产品的竞争呢？农夫山泉选择了在较大的市场份额中进行切分，切分的主要方式是在瓶装饮用水中继续"制造"新的品类。在后续的营销中，农夫山泉不断对水的价值进行诠释和强化传播，细分出"天然饮用水"的品类，占据该品类，并不断挤占纯净水的市场空间，从而有效扩大了自身的市场份额。

在市场端发力的同时，从1997年开始，农夫山泉已经开始为接下来的竞争落实资源布局。水源地是不可再生的资源，农夫山泉相继在国家一级水资源保护区千岛湖、吉林长白山矿泉水保护区等地建成现代化的饮用水生产基地，为营销动作在资源布局、生产布局上进行了规划，提供了强有力的事实支撑。

价值诠释

我们都知道水是生命之源，人的身体中，超过70%的成分是水，其重要性不需多言，水又是我们最熟悉不过的产品，同样一瓶水，该如何让消费者感知到它的特别价值是必须回答的问题。当时市场的主要产品，娃哈哈通过一首脍炙人口的歌曲"我的眼里只有你"对消费者进行情感诉求，吸引年轻消费者认同，取得了较好的传播效果；乐百氏通过"二十七层净化"进行功能性诉求，主张自己具有较好的品质控制能力。从情感到功能，都有人提出，还能有新鲜的诉求点让消费者接受吗？

通过不断分析消费者的感知价值能力，可以找到新的价值感知方式。对于水，我们接触的方式包括触觉、嗅觉、味觉、视觉、听觉，当然也还有感觉。当时市场上还有一款瓶装饮用水——健力宝第五季，这个产品以略带香甜的产品特点为消费者所知，但市场接受程度一般。如果过度强化改变消费者对于水无色无嗅的认知，会不会物极必反、过犹不及呢？

经过一番筹备，1998年，农夫山泉550毫升运动装在全国各地做铺市推广。当时的报纸是这样描述的：借助全国热点媒体的传播，农夫山泉有点甜的广告语迅速传遍大江南北，农夫山泉的红色风暴也开始席卷全国各地。通过对这个信息的解读，我们可以看看农夫山泉是如何立体化诠释水的价值的。

从包装上看，不同于当时市场上已有产品的冷色系包装，农夫山泉采用了红色包装。尽管没有改变水本身的颜色，但是在包装上与竞品做了有效区隔，既可以在终端有效突出，也可以让消费者形成农夫山泉不同于其他产品的认知。

包装的另一个特点是这时的主推产品是运动装。不仅使用了当时全国最好的运动瓶盖，而且有意识地将运动瓶盖作为卖点推出，制作了"上课时请不要发出这样声音"的广告片，告诉消费者这个产品可以有不一样的触觉和听觉感受,以此让消费者感知这个产品不同于市场已有产品。

大家印象最深的就是"农夫山泉有点甜"这个广告语了,在口感方面,让消费者通过自己的味觉,感知农夫山泉不同于其他产品的价值。消费者通常认为好的饮用水应该口感清爽、无异味,因为水是无色无味的。但生活中我们往往有水带点甜味的经验,说明这个水干净清冽无杂质,可以说,水的甜味是水质优良的一个证明。农夫山泉突出了天然水有点甜这一特性,唤醒消费者对天然水的记忆,取得了极大的成功,以至于"有点甜"被大家熟知,几乎成了农夫山泉的代名词。

在感觉方面,消费者感知最明显的应该是价格,可以说,对许多陌生的产品,消费者感觉高端不高端,第一反应通常是看价格。相对当时市场上的主流价位1元一瓶,农夫山泉果断定价在1.5元,并且在通路政策上采取了强势的款到发货代理制的经销模式,让消费者和渠道商都感觉这是一个高端的产品。

可以说,对"水"这个大家再熟悉不过的产品,这个简单到无法再简单的产品,农夫山泉用一系列的方法诠释了它的价值。农夫山泉运动装瓶装水上市之后不到一年便占据了相当大的市场份额。

强化传播

仅通过产品上市一次性诠释价值还是不够的,要想成为一个经久不衰的品牌,必须成为一个品类的代表。为了成为这个品类代表,农夫山泉围绕健康概念做了持续强化的传播,主要通过水源、运动和公益三条主线展开。

传奇的人物，通常都充满了争议，传奇的品牌，同样如此。2000年，农夫山泉的一个选择，引起了一场"水军"大战。如我们前面所说，农夫山泉持续做的一件事情就是水资源布局，在基本完成水资源布局之后，农夫山泉宣布了一项决定：不再生产纯净水，改为全部生产天然水。也正因此有了"我们不生产水，我们只做大自然的搬运工"这句广告语。为了强化天然水这个品类概念，农夫山泉还做了一系列实验和传播。

这其中有植物实验，通过植物在纯净水和农夫山泉天然水中的生长对比，显示天然水中的植物生长更好；也有动物实验，通过用纯净水和农夫山泉天然水养金鱼，显示天然水中的金鱼可以存活更长时间。虽然没有用人作为实验对象，也没有指明市场上谁是所谓的"纯净水"，但此举一出，仍然引起了轩然大波，消费者虽然不能直观分辨纯净水和天然水，但出于健康考虑会选择"只做天然水"的品牌，这对以城市水源作为生产原料的企业无疑造成了较大的影响。也正因为如此，消费者记住了瓶装水原来还分纯净水和天然水两种，占据了天然水品类的农夫山泉，也自然会因为天然水市场份额的增长而增长。

在运动方面，运动员的健康形象无疑是对健康最直接的解释，所以在这条主线上，农夫山泉也不断强化传播，借助各种公关活动进行品牌推广。

一系列活动从1998年运动装产品上市开始，包括：自1999年起，农夫山泉连续四年成为中国乒乓球国家队的主要赞助商；2000年，农夫山泉全力支持中国奥运代表团出征悉尼奥运会，凭借"天然、健康、安全"的优秀品质成为2000年悉尼奥运会中国代表团训练、比赛专用水；2000年成为2000年至2004年中国奥委会重要合作伙伴；2004年成为雅典奥运会中国体育代表团训练、比赛专用水；农夫山泉积极支持北京申办2008年奥运会……

这一系列的活动不仅让农夫山泉品牌跟着运动健儿走遍四方，建立了广泛的知名度，更因此借助运动员健康阳光的形象，树立了消费者对品牌健康的认知。

除了身体健康，心理健康同样是健康的表现，所以农夫山泉在公益活动方面也做了长期持久的工作，并因此树立了积极阳光的品牌形象。

公益活动的起点实质上也是体育活动，2001年，农夫山泉提出从2001年1月1日到2001年7月30日，农夫山泉从每一瓶水的销售收入中提取一分钱作为捐赠款，代表消费者支持北京申奥事业。2002年开始，农夫山泉继续推出"一瓶水，一分钱"活动：即每销售一瓶农夫山泉饮用天然水，农夫山泉公司就代表消费者捐出一分钱用于"2008阳光工程"活动，此款项将用于购买同等价值的体育器械捐献给全国范围内贫困地区的中小学校。虽然每瓶水中只有一分钱，但这一分钱在让消费者感知每一笔消费都有意义的同时，帮助农夫山泉建立了关注社会的品牌形象。

在水源地方面，农夫山泉也做了"饮水思源"系列活动。2006年，第四届"一分钱"行动，农夫山泉正式启动"饮水思源"大型公益助学活动。一方面,农夫山泉倡议人们"保护环境,保护水源,从我做起,从小做起,从现在做起";另一方面,农夫山泉再次以消费者的名义捐出500万元人民币,与宋庆龄基金会共同成立"饮水思源"助学基金,锁定浙江千岛湖、吉林长白山靖宇保护区、湖北丹江口和广东万绿湖四个水源地,捐助1001名贫困学生,帮助水源地的学校改善办学条件,以感谢水源地人民为了人们的健康保护水源所做出的巨大贡献。

通过在水源、运动和公益三条主线上的强化传播,农夫山泉不断强化健康的概念,并以这个概念细分、强化出天然水品类,进而成为该品类的代表者,从而强有力地占领了这块市场。

效果

经过多年运作,农夫山泉在瓶装水市场中异军突起,成为行业的领导品牌,并且牢牢树立了消费者心目中天然水的健康概念,这在当初的市场环境中是很难想象的。更难得的是,在大力开拓市场的同时,农夫山泉完成了自身四大水源地的布局,为后期奠定了持续性的竞争优势。

在品牌延伸方面,我们看到农夫果园同样取得了较好的市场业绩。可以说,市场上的成功绝非偶然,哪怕是非常同质化、非常透明化的品类,仍然有很多途径可以诠释产品价值,并能通过一系列的方式、方法将这些价值点强化为消费者的记忆,进而取得不俗的市场业绩。

【思考与讨论】

1. 农夫山泉在价值诠释中采用了怎样的方法？还有没有其他方法？

2. 在传播价值过程中，除了三条主线外，在具体媒体选择上，农夫山泉是怎么做的？

第十一章 增加价值

【导读】

增加价值

含　义 增加价值指在主体价值确定之后，对价值进行附加或者变化重组从而取得超乎市场预期的一系列动作。这一系列动作可以是针对产品的小创新、小改造，也可以是一线销售人员出于主观能动性提出的增值服务，还可以是企业有组织地对客户价值进行的二次开发。通过这些动作，可以让客户价值感得到提升，从而达到改善组织业绩的目的。

重 要 性 对于已经固定的客户价值，通过一些小改造，便可以取得新的增长点，这个动作的意义不仅在于取得市场成绩，更在于激发营销人员的主观能动性，并由此与客户建立紧密互动的关系，发挥各方面的作用。

[方法概述] 可以将增加价值的动作划分为针对四个对象的十二种方法。

针对产品： 增加乐趣、增加便利、增加关怀、增加个性需求。

针对客户： 家庭生活改善增值、个人追求增值、社会影响力增值。

针对渠道： 终端增值、渠道增值。

针对组织： 做好厂家代表、做好经营顾问、做好市场信息顾问。

[结构概述] 本章主要基于增加价值对象的划分，阐释各种方法带来的价值增加。

[要　求] 读完本章后，应该掌握以下两点。

增加价值的具体方法及这些方法与原客户价值的关系。

价格、促销之外的价值调控手段。

为产品增值

物质守恒定律认为能量不会凭空产生也不会凭空消失，能量如此，我们相信价值也是如此，但我们同时相信组织附加的努力会产生额外的价值，增加的价值不是凭空产生的，一定来源于组织的努力。这种努力产生了更多的价值，我们也正是通过这种方法来实现增加价值。相对于降价、促销搭赠、账期这些常规手段，我们认为组织的努力才是增加价值的核心所在。

我们在前面章节中将客户价值分成三类，分别是功能价值、心理价值和效能价值。这几个价值在实际业务中，都不是一成不变的。

功能价值相对比较稳定，通常经过购买过程完成物权转移，消费者便获得了产品，获得了产品的物理价值，但很多客户并不一定能够真正使用好产品，也就造成了产品的物理价值无法充分发挥，这也就形成了一个增加价值的点。

心理价值实际上是一个非常大的变量，客户得到的价值与他们实际感知的价值往往相差甚远，这也是我们为什么在展示价值中单独列出来一节说明要如何将产品的价值展示出来。让客户感受到他所得到的价值，通常会让客户在内心中产生更多的认同感和满足感。

效率价值，一方面来源于忠诚顾客给双方带来的效率贡献，比如基于稳定的需求，整个供应链都可以变得更加高效；另一方面来源于通过客户忠诚我们可以有效控制传播费用，进而将这些控制下来的费用更有效地回馈给消费者。

接下来，我们将重点阐释能够为产品带来价值增长的四个方法，用这些方法或者实际的例子来说明动作，以期给予大家更多的启发。

第一，增加乐趣。

在主体的客户价值确立之后，一点点小乐趣或许能够让产品在市场上突出出来。以M&M巧克力豆为例，在各种巧克力豆都以朱古力色作为产品颜色的时候，M&M做出了五颜六色的产品，就因为颜色多了一些，大家多了一些乐趣，并且有效与其他产品进行了区分。有关巧克力豆在国际上出名的一则事件是，20世纪80年代名噪一时的范·海伦乐队有一份几十页的演出场地要求，其中明确要求不能有棕色的巧克力豆在里面，乐队回应这并非出于对颜色的偏好，而是因为条款太多，在其中放入这么古怪有趣的一条，就可以判断演出承办方到底有没有看完全部的合同条款。

由此我们可以看出，一点点小乐趣往往会让我们获得意想不到的成绩和传播点。我们还可以看到健达奇趣蛋和可乐包装罐也都采用了这种增加乐趣的方法，这些产品上的一点点改变都起到了不错的作用。但同时，我们也举一个不成功的例子——汽车轮胎的颜色，曾经有一些厂家对汽车轮胎做了改进，设计制作了白色、黄色的汽车轮胎，后来发现这些颜色的改变会带来轮胎寿命的缩短，又不得以改回了黑色。基于此，我们需要注意的是，增加乐趣应当建立在不影响产品寿命的基础上。

第二，增加便利。

针对消费场景需求，一点点小便利也许就能够打动消费者，比如以做棒棒冰起家的香飘飘，在一包奶茶的基础上，加上了一个一次性杯子和一支吸管，便做成了杯装奶茶，并由此获得了一个年销售几十亿元规模的市场。

市场上还有许多类似的创意，比如带有刻度的杯子，这些考虑消费场景便利需求做的一些小改进，也能够额外增加产品价值。

第三，增加关怀。

在提倡用户体验的今天，我们不得不更关注以客户关怀为基础的增值服务。以互联网坚果品牌三只松鼠为例，大部分消费者在购买该企业的产品时都会受到两重关怀，第一是为了方便食用坚果配发的小工具、垃圾袋等物品，第二是在包装上为了保证产品不破损留给快递员的温馨提示。正是这种以客户体验为特点的客户关怀，让许多消费者记住了这样的互联网品牌。

第四，增加个性需求。

比如有珠宝企业提供免费刻字、场景求婚一类个性化服务。婚戒是个性化产品，往往会有一些人希望将伴侣的名字刻在戒指内壁上，珠宝企业提供这项服务，增加了产品的个性化属性。场景求婚是在企业门店规模较大的前提下，安装灯光外墙或户外大屏，这些灯光外墙和户外大屏在夜晚非常漂亮显眼，那些在店里购买婚庆珠宝的伴侣会有浪漫求婚的需求，原本做广告用的外墙与大屏，就成了求婚的道具，情侣可以借用这样的个性化场景，顾客获得了帮助，更形成了新闻传播的效应。通过这样的案例我们可以发现，增加个性化需求能够获得超出预料的效果。

结合上述四个方面，引导消费者用好我们的产品，一方面来源于产品设计开发时的用心，另一方面来源于我们对消费者信息的收集。即使是在设计完一个产品之后，也还有许多可持续改进的工作，这些改进的源泉，通常都来自对消费者信息的收集。所以，想要让消费者用好我们的产品，需要我们做的工作是了解消费者对我们的产品在哪些方面还有期望，收集到这些信息，并反馈给组织，持续改进产品，才有可能在这个环节为消费者增加价值。

为客户增值

除了我们关注的客户价值，似乎还有一些看上去"不务正业"的价值，但这些价值有时候会发挥出奇制胜的作用，那就是针对客户的生活环境进行的一系列增值动作。

第一，家庭生活改善增值。

为家庭生活改善增值，顾名思义就是帮助客户改善家庭生活。对许多客户来说，由于长时间忙碌于工作和事业，往往对家庭的照顾时间有限，如果能够帮助他们完善对家庭的责任承担，往往能够让其家庭成员对我们有更多的好感。

我们时常看到这样的一些动作，比如组织客户的家人外出旅行、组织顾客全家进行体检，等等，这样的活动通常都是针对大客户组织的。也有一些针对零散消费者进行的抽奖活动，获奖者得到与朋友或者家人免费旅行的机会，这样的活动方式也能够取得增值效果。

第二，个人追求增值。

谈到个人追求增值，我们往往会将个人追求理解为事业或者工作的发展，但我们知道，大部分人在事业之外，都还有更丰富的个人追求。

消费品中，前面案例中，农夫山泉组织消费者每喝一瓶水捐款一分钱来帮助农村学校改善体育设施的活动，这种活动对于有运动爱好、有公益心的消费者会产生额外的心理价值。与此类似，比较成功的"公益+爱好"活动还有平安保险支教活动，对平安客户中有意参与支教活动的群体，平安保险每年组织支教群体活动，帮助落后地区学校学生增长见闻，在发挥公益作用的同时，满足了客户的深层次价值追求，能够有效提升顾客黏性。

当然，事业是不会被排除在外的。会有企业每年组织面向加盟商的"游学"活动，除了组织业内教师资源给大家培训，还会选择经营优秀的行业标杆，带领大家到现场学习、感受其经营方式。多年坚持，这项活动成了加盟商对企业称赞最多的活动之一，加盟商也通过活动与企业成了朋友。

第三，社会影响力增值。

追求社会影响力的客户往往是组织客户，这些客户或是基于发展的需要，或是基于企业所有者的要求，都会希望能够对其社会影响力进行提升。

常见的方法与前面所说的公益类似，通过组织和参与公益活动来与社会各机构进行有效互动，在塑造良好社会形象的同时，提升社会影响力。比如各种医疗器械机构帮助下游客户组织的义诊活动，不仅能够给弱势群体带来关怀，更能激发同业的良好竞争。

除了组织参与公益性活动，一些行业性协会的有组织活动，通过帮助客户在行业协会中建立影响力也可以提升客户的价值感知。

为渠道增值

第一，终端增值。

终端是渠道的最小单元，尽管有的企业并不需要特定的终端，仅通过渠道商产品便能到达终端客户那里，甚至可以直销到终端客户那里，但考虑到大多数企业还是会面对终端，所以我们将终端单独列出。

终端不同于渠道的特点在于，除非是自建终端，比如自营的连锁店，否则经常会面对与竞品或者是不同类别的产品共用一个终端的局面。这种情形下，对终端的增加价值更是上升到了阻击竞争对手的高度。

想要帮助终端增加价值，首先还是要先了解终端最关心什么。从价值营销的角度来看，我们提供给对方价值的有效程度，通常取决于对方关注价值的排序，而不是我们的努力程度。

在面对终端的过程中，我们总结了终端客户的三个特点，关心顾客数量，不关心供方数量；关心组合销量，不关心单品销量；关心整体利润，不关心个体利润。我们这里说的关心与不关心并非绝对概念，而是终端在经营过程中，相对会更多关注还是会较少关注。

关心顾客数量，不关心供方数量，指终端在经营过程中，往往期望有比较多的顾客数量，对供方数量，除非我们在终端占据了垄断地位，影响了终端的议价能力，否则终端不关心是不是多我们一个供应商。

关心组合销量，不关心单品销量，指终端关心我们与其他供应商一起总体为其贡献多少销量，而不会关心我们自己为其贡献多少销量。我们一味强调我们可以在终端上挤掉某个其他供应商的市场份额，对终端并没有多少吸引力，真正吸引终端的是大家在一起能否产生加和效应。

关心整体利润，不关心个体利润，指终端的利润贡献不仅来自我们，而是来自全部供应商。终端对利润的诉求是必须的，我们必须成为一个可靠的供应商，但不必成为"冤大头"的供应商，这往往也是我们真正能够阻击竞品的地方。

在找到终端关心的价值点之后，我们还应当对终端经营的考核点进一步明确。对零售行业来说，有的会考核坪效，就是单位面积产生多少销量和利润；有的会考核劳效，就是每个人产生多少销量和利润。找到这些指标，才有可能对症下药。

明确这些指标之后，我们就可以结合自身产品以及合作伙伴产品的特点展开工作，比如对终端关心的顾客数量，我们要能够结合自己的产品特点，说明我们能够帮助他们吸引何种消费者，这些消费者可以带来多少客流量、产生多少销量、贡献多少利润。

在阻击对手方面，如果我们一味强调我们的产品对竞品的优势，而不能告诉终端我们与竞品不一样的地方，那就很难体现我们的增加价值在哪里。如果我们不仅能够阻击竞争对手，更能通过帮助终端做好产品类别规划，形成不同概念区分的产品结构，那么我们就可以帮助终端增加价值，从而形成我们在终端更高的位势。

第二，渠道增值。

对渠道商，我们有能够帮助其进行渠道增值的地方吗？在提出这个问题的时候，我们遇到最多的回答是："这怎么可能？我们怎么可能比渠道客户更了解他们自己的业务呢？""如果我能指导他们的业务，那我为什么不去做咨询？""客户并不愿意告诉我们他们公司的经营信息。"

从厂家到消费者，渠道是第一个需要打通的环节，在这个环节上，如果我们能够在产品提供的价值之外帮助渠道进行增值，无疑可以使我们在整个市场竞争中占据先机。在一定的时间进程中，我们认为在渠道、终端、客户几个环节我们是可以做好工作为客户增加价值的，之所以要按照时间进程解读这个问题，是因为我们理所当然地认为时间进程与和客户之间的信任同步。在实际工作中，可能并不能因为合作时间的增加带来信任度的增加，所以大家在理解我们这个时间顺序的时候，也应该记住一条，那就是：帮助客户增加价值的前提条件是相互之间的信任，随着信任程度的增加，增加价值的范围会不断扩大。

第一个帮助渠道客户增加价值的方法，在整个价值营销体系中，应该是最简单、最容易实现的方法，也是在之前各个环节铺垫最久的方法，那就是转移企业形象，建立客户的自豪感。

我们知道品牌形象是一个非常容易产生关联的价值点，穿上一件名牌西装便会认为自己具有同样的品牌形象，戴上一件漂亮的首饰便会认为自己拥有了美丽，这是一种普遍心态。在经销商队伍中，当经销商代理了我们品牌，我们第一个帮助其增加价值的方法就是把我们的企业形象转移予其，做到这一点相对容易，但同样有许多工作要做。

我们在选择价值一章中讲解了产品概念的重要性，就是产品概念是我们面对消费者的核心利器，这个核心利器不仅可以为我们所用，也可以为经销商所用。帮助经销商在这个概念领域成为他所在渠道和区域的领导者，就是将我们这个概念的价值转移给了他们，而我们并不会因此产生任何损失。

要做到这一点，除了对概念的传播之外，还要在价值实现环节注意我们产品的符号化，通过符号形式的传播，可以更有效地分享品牌价值。一个符号，类似一个图腾，更容易让客户产生自豪感，并由此带来物理和心理方面的价值。

第二个帮助渠道客户增加价值的方法，相对需要进一步的信任，我们称之为经营与销售并进的销售模式，不仅要在客户那里做好销售，还要帮助渠道做好经营。在西方，对此有一个更加形象的叫法，是说不仅要sold in（卖进去），更要sold out（卖出去）。

对于这一条，我们可以理解为渠道必然要买进卖出，赚取差价。如果我们关心的只是我们自己的产品如何卖到客户的仓库中，而不能帮助客户将产品从他的仓库卖出去，就不能很好地帮助客户实现利益最大化。

在这个问题上，我们在实际操作上经常遇到的问题是，客户并不愿意我们过多干涉其销售过程，所以，这种增加价值的方法，通常需要进一步的信任才行。我们常常可以使用的方法是帮助渠道商开发下线客户，通过帮助客户开发业务的方式建立信任，并逐步了解当地的风土人情及客情关系，在这些铺垫工作做好之后，便可以通过我们对市场的了解，加上我们的一项核心专长——最了解我们自己的产品，帮助客户规划产品结构和业务拓展模式，从而实现帮助渠道商增加价值。

第三个帮助渠道客户增加价值的方法，在需要相互之间的信任之外，更多还需要结合不同类型经销商本身的特点展开，就是结合经销商的成长阶段和组织特点，制订分阶段的成长方案，帮助客户规划成长。

简单将客户的组织周期分为起步阶段、成长阶段、成熟阶段，就可以看出客户在每个阶段的核心需求是不同的。

对起步阶段的渠道商来说，通常生存是第一要务，必须通过各种方式实现盈亏平衡，解决生存问题。在这个时候，帮助客户规划业务开发方式、建立客户档案和梳理客情关系，通常能够带给渠道商其比较期望的价值。

渠道商进入成长阶段之后，经过了生存考验，已经有了一些基础客户，面临快速成长的机会，通常会遇到组织瓶颈，一方面是快速成长的队伍，另一方面是新招聘的人员流动性大且业务技能成长慢。对这个阶段的渠道商，我们应该从帮助其规划建立培训分享机制、提供人员招聘支持、形成规章制度几个方面提供增加价值的服务。

进入成熟期之后，渠道商往往已经通过一段时间的运营具备了成熟的业务模式和组织队伍，客户也已经基本稳定，此时渠道商通常面临两个困惑，一是进一步增长的空间在哪里，新产品、新市场看上去都有机会但找不到明确的路径；二是如何建立原有客户的客户忠诚度，维持现有业务的稳定。

我们所说的这几个阶段，渠道商往往并不一定是从起步阶段就与我们建立联系的，也可能不局限于上述问题，所以在使用这个方法的时候，首要的任务是分析清楚客户所处的阶段状态，并且分析清楚具体对策，之后再采取行动。

我们常常说，如果我们仅有一个苹果，与另一个人分享，那么我们自己就只剩下半个苹果；而我们有一个信息，如果与另一个人分享，那么我们在保有一个信息的时候，分享的伙伴也得到了一个信息。这说的是信息分享的好处，意识分享也是这样。

我们同样也经常听到，世界上最难的两件事，一件是把别人的钱拿进自己的口袋，另一件是将自己的想法放进别人的脑袋。信息与知识分享是非常困难的，所以我们将信息与意识分享作为帮助渠道客户增加价值的第四个方法，也是通常在建立了深度信任，甚至是在成为战略合作伙伴之后才能施展的方法。

相对于渠道商来说，组织在市场信息的获得方面，通常会更加全面和具有持久性，这是分工决定的。从这方面来说，通过刊物、交流会等方式进行有组织的信息分享，往往对经销商具有非常大的意义。

为组织增值

为组织增值不仅是做好业务的本职工作，更需要当好客户组织的顾问，这种顾问式营销指在销售过程中，销售方扮演采购方顾问的角色，了解客户真实的需求，为客户提供满意的解决方案，为客户创造价值，从而促使客户做出更适合自己的采购决策。顾问式营销与传统销售模式比较有三大特点：第一，推销解决客户问题的方案胜过推销产品；第二，要向更高层的决策者和更广泛层次的用户推销；第三，解决方案的销售者必须成为客户心目中可信赖的专业顾问，让客户相信这个专业顾问能帮助他们解决问题。

对一线人员来说，顾问式销售是每个销售人员都想达到的高度。达到这个高度需要长时间的业务技巧训练，并以与客户相互间的信任为基础，非常难以实现。事实上，我们还是可以看到许多优秀的业务员做到了顾问式销售。在共性方面，我们要说的是：第一，任何时候都要记住你不是一个人在战斗，必须通过密切合作的团队来进行顾问式销售；第二，能够弥补从业时间不足的两个方法是轮岗和多市场、多行业交叉，当然，在行业内从业一万小时通常是必不可少的条件；第三，在不断的营销过程中，要掌握系统的分析方法和对具体问题的解构思维。

顾问式营销的核心在于我们需要帮助客户增加价值，为了达到增加价值的目的，我们通常要扮演的角色包括厂家销售人员、客户经营顾问和市场信息反馈人员。之所以会有如此多的角色，主要是因为从企业自身出发，产品日趋复杂，如何宣传和指导使用这些产品，给销售人员带来了更多的挑战；在面对客户采购的时候，不同类型的客户采购过程和利益也变得多元化，我们必须在不同的阶段面对不同的人、解决不同的问题；从整个供应链来说，也需要一线人员不断收集客户信息进行集中反馈，实现产品的持续改进。

第一，做好厂家代表。

从厂家代表的角色来说，主要需要我们完善自己的知识结构。我们通常会要求基于专业知识、产品知识和社会知识三个方面形成知识结构。专业知识可以通过学习相关资料不断充实；必须了解相应的产品特点和推广方法；需要注意的是，初级业务人员经常出现的问题是有知识没常识，缺乏社会知识，这往往会给实际营销工作带来负面影响。

第二，做好经营顾问。

在客户经营顾问方面，除了我们前面关于渠道客户和终端客户的工作，还应不断发掘新机会和开拓新业务，基于现有的产品和服务，以发现顾客尚未被满足的需求为起点，找到相应的工作方法和解决方案。

在协助客户经营方面，同样要注意的是有效地利用时间，包括制订充分且合理的工作计划、安排有效的客户拜访、做好记录并建档等，以职业规范影响客户，在日常生活中，也养成整洁、准时的良好习惯，充分获得客户全方位的信任。

第三，做好市场信息顾问。

顾问的第三个角色是市场信息的收集员。对市场信息反馈，要求我们将信息收集、信息分类筛选、信息及时回馈作为专门的工作，为组织的营销决策提供依据，促进优化产品以实现更多的客户价值。我们看到不少行业的上游供应商都在有计划、有组织地开展这项工作。例如饮料包装行业的利乐，这是一家以生产利乐包装和生产设备为核心业务的企业，这家企业为了帮助下游客户收集市场信息，基本上每个季度都会对饮料市场的动态和最新消息进行分析整理，帮助客户进行分析决策，这些信息在帮助生产厂家的同时，也帮助利乐建立起专业、负责任的形象，形成了共赢。

【案例讨论】星巴克以服务打造"第三空间"

发展历程

1971年4月，位于美国西雅图的星巴克创始店开业。1987年3月，霍华德·舒尔茨（Howard Schultz）召集一批投资者收购了星巴克，同自己创立于1985年的每日咖啡公司合并。

发展到21世纪初，星巴克已经在北美、欧洲和南太平洋等地开店六千多家，成为世界性咖啡品牌。

一家几十年前还名不见经传的企业，几十年后便发展为行业翘楚，星巴克围绕每一个单店都有其独特的经营思路，我们可以按照Circumstance（环境）、Customer（客户）、Commodity（商品）、Comrade（员工）的4C组合来对其进行剖析。

环境

以星巴克在中国市场的拓展为例，星巴克上海店面的设计是由美国公司方面完成的。据了解，在星巴克的美国总部有一个专门的设计室，其中一批专业的设计师和艺术家专门设计全世界的星巴克店铺。他们在设计每个店面的时候，都会根据当地商圈的特色思考如何把星巴克融入其中。所以，星巴克的每一家店，在品牌统一的基础上又都能尽量展示个性特色。这与麦当劳等连锁品牌强调所有门店的VI高度统一截然不同。

在设计上，星巴克强调每栋建筑物都有自己的风格，要让星巴克融合到原来的建筑物中，不破坏建筑物原来的设计。每次增加一家新店，现场人员就把店址内景和周围环境拍下来，照片传到美国总部，设计完成后，发回施工。这样下来，星巴克做到了与大环境的融洽。

例如，上海星巴克设定以年轻消费者为主要顾客群，因此在拓展新店时，设计师费尽心思找寻有特色的店址，并结合当地景观进行设计。位于城隍庙景区的星巴克，外观采取了仿古样式；而黄埔江边的滨江分店，则表现为花园玻璃帷幕和宫殿般的华丽，夜晚时分，顾客可以悠闲地坐在江边，边欣赏外滩夜景边品尝香浓的咖啡。

客户

在每家店，星巴克都在进行消费者教育工作。在没有饮用咖啡习惯的地区推广咖啡，首先遇到的是消费者情绪上的抵触。星巴克为此首先着力推广"教育消费"。通过自己的店面，以及到一些公司去开"咖啡教室"，还有自己的网络，星巴克成立了咖啡俱乐部。

据称，在有些星巴克店面，顾客消费的时候，收银员除了品名、价格以外，还要在收银机键入顾客的性别和年龄段，否则收银机就打不开。所以公司可以很快知道顾客消费的时间、消费了什么、消费金额的多少、顾客的性别和年龄段等信息。除此之外，公司每年还会请专业公司做市场调查。

在星巴克的"熟客俱乐部"，除了固定通过电子邮件发新闻信，顾客还可以从网络上下载游戏，一旦游戏过关可以获得优惠券，很多消费者会将这样的信息转发给其他朋友，形成一传十、十传百的效应。

商品

星巴克对产品质量的追求达到了"发狂"的程度。星巴克使用的咖啡豆都是来自世界主要咖啡豆产地的优品。无论是原料豆及其运输、烘焙、配制、水的滤除，还是最后把咖啡端给顾客的那一刻，一切都必须符合最严格的标准，都要恰到好处。除了产品本身之外，星巴克体验还包括店内咖啡气息浓郁的环境——时尚且雅致，豪华而亲切。人们来到星巴克，或是为了摆脱繁忙的工作稍事休息，或是约会，人们每次光顾咖啡店都希望能得到精神和情感上的报偿。因此，无论是其起居室风格的装修，还是仔细挑选的装饰物和灯具，煮咖啡时的嘶嘶声，将咖啡粉末从过滤器敲击下来时发出的啪啪声，用金属勺子铲出咖啡豆时发出的沙沙声，都是顾客熟悉的、感到舒服的声音，都烘托出一种星巴克格调。

星巴克将咖啡豆按照风味分类，让顾客可以按照自己的口味挑选喜爱的咖啡。活泼的风味——口感较轻且活泼、香味诱人，并且能让人精神振奋；浓郁的风味——口感圆润，香味均衡质地滑顺，醇度饱满；粗犷的风格——具有独特的香味，吸引力强。

员工

在星巴克公司，员工不叫员工，而叫合伙人，这就是说，受雇于星巴克公司，就有可能成为星巴克的股东。1991年，星巴克开始实施咖啡豆股票（Bean Stock），这是面向全体员工（包括兼职员工）的股票期权方案。其思路是，使每名员工都持股，都成为公司的合伙人，这样就能把每名员工与公司的总体业绩联系起来，无论是CEO还是任何一位合伙人，都能有同样的工作态度。要具备获得股票的资格，一名合伙人在从4月1日起的财政年度内必须至少工作500个小时，并且在下一个1月份派发股票时仍为公司雇用。1991年一年挣2万美元的合伙人，5年后仅以他们1991年的期权便可以兑换现款5万美元以上。

在此基础上，星巴克公司要求员工都掌握咖啡的知识及制作咖啡饮料的方法，除了为顾客提供优质的服务，还要能向顾客详细介绍这些知识和方法。要让来过星巴克咖啡店的顾客都获得一些独特的体验，即星巴克体验。星巴克一方面鼓励顾客之间、顾客与星巴克员工之间通过口头或书面的形式交流这些体验，另一方面也鼓励员工之间分享在星巴克的工作体验。

在员工的培训方面，星巴克也花了大工夫来推动学习旅程活动，星巴克的学习旅程（每次4小时，一共5次的课程），是所有新合伙人在就业开始的80个小时中都要上的课程。从第一天起，新合伙人即熏陶在星巴克的价值和基本信念体系之中。

星巴克的培训包括：基本的和更精细的关于咖啡的知识；如何热情地与他人分享有关咖啡的知识；准备膳食和饮料的一般知识，包括基本知识和顾客服务高级知识；为什么星巴克是最好的；关于咖啡豆、咖啡种类、添加物、生长地区、烘焙、配送和包装等方面的详细知识；如何以正确的方式闻咖啡和品咖啡，以及确定什么时候味道最好；描述咖啡的味道；唤醒对咖啡的感觉，习惯使用一套全新的词汇；熟悉咖啡的芳香、酸度、咖啡豆的大小和风味；经常回答人们提出的问题，经常谈论咖啡。

在新店正式开业之前一周，新合伙人的亲友参加开业前聚会，目的是在店门正式向公众打开之前，让团队真正熟悉。在聚会当天，鼓励合伙人煮咖啡品尝，并与其他合伙人及顾客讨论。这有助于合伙人与顾客学到更多星巴克提供的有关咖啡的知识。

拓展之路

舒尔茨经常说，星巴克以一种商业教科书上没教过的方式创立了自己的品牌。星巴克"第三空间"的概念，集中体现了成功的零售复制法。星巴克的品牌传播不是通过一点对多点的广播模式，这种做法的特点是见效快（当然失效也快）、耗资多，星巴克采用了一种看起来相当缓慢的一点对一点的窄播模式。舒尔茨说，星巴克的成功证明了一个耗资数百万元的广告不是创立一个全国性品牌的先决条件，即它并不能说明一个公司有充足的财力就能创造名牌产品。你可以循序渐进，一次一个顾客，一次一家商店或一次一个市场来做。实际上，这也许是在顾客中建立信任的最好方法。通过这种直接对话的方式，再加上耐心和经验，用不了多久，就会将一个地方性品牌提升为一个全国性的品牌——一个多年来关切个人消费者和社区利益的品牌。这说明为什么广告并非星巴克发展的推动力。

星巴克在业务拓展中形成了许多独特的发展模式。包括：根据世界各地不同的市场情况采取灵活的投资与合作模式，但星巴克对外宣称其整体政策是坚持公司直营，在全世界都不要加盟店。当然，也有质疑观点认为，在星巴克与世界各地企业的合作模式中，星巴克不占股份而只是授权经营的模式在本质上就是一种加盟的经营模式。事实上，星巴克的直营路子更多地体现在另外一个层面：星巴克合资或授权的公司在当地发展星巴克咖啡店的时候，"顽固"地拒绝个人加盟，当地的所有星巴克咖啡店一定是星巴克合资或授权的当地公司的直营店。

在灵活性方面，星巴克在全球普遍推行三种商业组织结构：合资公司、许可协议和独资自营。星巴克的策略比较灵活，它会根据不同的市场情况采取相应的合作模式。以美国星巴克总部在世界各地星巴克公司所持股份的比例为依据，合作模式主要有四种：星巴克占100%股权，比如在英国、泰国和澳大利亚市场；星巴克占50%股权，比如在日本、韩国市场；星巴克占股权较少，一般在5%左右，比如在台湾、香港和增资之前的上海市场；星巴克不占股份，只是纯粹授权经营，比如在菲律宾、新加坡、马来西亚市场。星巴克制定了严格的选择合作者的标准，包括合作者的声誉、质量控制能力和是否能以星巴克的标准培训员工等。正是这种理念与实务相结合的连锁发展模式，保证了星巴克几十年来的稳健快速成长。

第三空间

星巴克公司努力使自己的咖啡店成为"第三空间"（Third Place），这是什么意思呢？就是在家和办公室之外，还应该有一个地方可以供大家休息、畅谈，包括进行一些商务洽谈，星巴克进入市场的切入点就在于此。可以说，星巴克的这个目标实现了，因为有相当多的顾客一个月之内会十多次光顾星巴克。

这个理念落实到了具体的层面，便可以让消费者有明确的感知，"星巴克给我的方便大于给我的味觉享受。"一位星巴克的顾客这样说："它总是出现在最繁华的街道最显眼的位置，于是当逛街逛到疲惫时，当双眼在电脑屏幕前感觉酸涩时，当朋友来了没地方说话时，我会自然而然地想到星巴克。"这正是星巴克想要的——任何时候都能够为热爱星巴克的人群提供服务。支撑这份雄心的是一张明晰的选址图。

在选址时，星巴克首先考虑的是商场、办公楼、高档住宅区一类汇集人气、聚集人流的地方。此外，对市场布局有帮助，或者有巨大发展潜力的地点，星巴克也会将其纳入自己的选址版图，即使开店初期的经营状况会很不理想。

星巴克对开店的选址一直采取发展的眼光及整体规划的考

虑，因为现在不成功并不等于将来不成功。星巴克于北京的星巴克丰联广场店开业时，客源远远不能满足该店相当大的面积。该店经营前期一直承受着极大的压力，但经营者相信随着周边写字楼入住率的不断提高及政府对当地改造力度不断加大，丰联广场店一定会成为该地区的亮点。这家星巴克坚持了下来并获得了较好的效益。

服务增值

星巴克给品牌市场营销的传统理念带来的冲击与星巴克的高速扩张一样引人注目。在各种产品与服务风起云涌的时代，星巴克公司成功把一种传统商品做成与众不同的、持久的、高附加值的品牌。然而，星巴克并没有使用其他品牌市场战略中的传统手段，包括没有进行铺天盖地的广告宣传和投入巨额的促销费用。

"我们的店就是最好的广告"，星巴克的经营者这样说。据了解，星巴克除了利用一些策略联盟帮助宣传新品，几乎从来不做广告。因为根据在美国市场的经验，大众媒体泛滥后，广告也逐渐失去公信力，为了避免资源浪费，星巴克不打广告。这种启发也来自欧洲那些名店名品的推广策略，它们并不依靠在大众媒体上做广告，而每一家好的门店就是最好的广告。

星巴克认为，在服务业，最重要的营销是分店本身，而不是广告。如果店里的产品与服务不够好，做很多广告吸引客人来，也只是让他们看到负面的形象。星巴克的创始人舒尔茨意识到员工在品牌传播中的重要性，便另辟蹊径开创了自己的品牌管理方法，将本来用于广告的支出用于员工的福利和培训，使员工的流动性很小。这对星巴克"口口相传"的品牌经营起到了重要作用。在舒尔茨看来，星巴克的成功主要是用专业咖啡改变了美国人"牛饮"咖啡的习惯，为人们创造了家庭和办公室之外的第三个生活空间。为营造这种专业、休闲又浪漫的第三生活空间，星巴克对每家店面都突出五种感觉，特别讲究视觉中的温馨、听觉中音乐的随心舒适、嗅觉的咖啡香等。

星巴克认为其产品不单是咖啡，还是咖啡店的体验。研究表明：三分之二成功企业的首要目标就是满足客户的需求和保持长久的客户关系。相比之下，那些业绩较差的企业在这方面做得就很不够，其更多的精力放在了降低成本和剥离不良资产上。

星巴克一个主要的竞争策略就是在咖啡店中同客户进行交流，特别重视同客户之间的沟通。每一名服务员都要接受一系列培训，如基本销售技巧、咖啡基本知识、咖啡的制作技巧等，星巴克要求每一位服务员都能够预感客户的需求。

另外，星巴克更擅长创造咖啡之外的体验感，如气氛管理、个性化的店内设计、暖色灯光和柔和音乐。星巴克还极力强调，顾客可以随意谈笑，甚至挪动桌椅随意组合。

关于具体的消费者需求，星巴克调研发现，星巴克咖啡的核心客户群的年龄段在25岁到40岁，星巴克对此确定了相应的策略和目标：一方面提高客户的上门次数，另一方面想办法让顾客每次停留更久，使客户喝更多的咖啡以提高业绩。

考虑到越来越多的年轻顾客会带笔记本电脑来喝咖啡，2002年8月星巴克使已在门店提供无线上网服务。

可以说，正是这些一个个单独看上去不起眼的增值服务，为星巴克的消费者带来良好的消费体验，并最终成就了星巴克的"咖啡帝国"。

效果

1992年6月26日，星巴克在美国号称高科技公司摇篮的纳斯达克成功上市。作为一家传统的咖啡连锁店，1996年8月，为了寻求更广阔的市场，舒尔茨飞到日本东京，亲自为第一家海外店督阵。之后，星巴克的经营一飞冲天，快速扩张。经过多年发展，星巴克已从昔日西雅图一条小小的"美人鱼"进化到今天在全球八十多个市场，拥有超过三万家门店的"绿巨人"。

【思考与讨论】

1. 在单店运营中，星巴克的营销组合是如何构建的？
2. 连锁扩张阶段，星巴克的第三空间理念是如何落地的？
3. 星巴克通过服务为消费者增值做了哪些具体动作？

第十二章 审计价值

【导读】

审计价值

含　义 我们一再强调客户价值的实现，那么必不可少的一项工作便是对客户价值的实现与否和实现程度进行监测，我们将此项工作以价值审计的形式展开。通常来说，价值审计的意义在于对营销过程的有效性进行监测，对处于不同生命周期的产品来说，价值审计还可以帮我们找到产品在特定市场状态下面临的问题，进而实现改进。

重要性 审计价值，既可以是一个营销循环的终点，也可以是一个营销循环的起点，作为一个对现状进行诊断、寻找新突破的环节，审计价值对业绩的提升有着非常重要的作用。除此之外，对许多期望"老树开新花"的产品来说，审计价值也是延长产品生命周期，获得超额回报的重要环节。

【方法概述】在审计价值的过程中，我们通过以下五个步骤完成工作。

第一步：产品价值审计。

第二步：渠道的调研与价值审计。

第三步：顾客价值感知审计。

第四步：组织价值审计。

第五步：价值审计和价值衍生。

【结构概述】在本章中，我们将从客户价值的相对性和产品的生命周期开始，说明价值审计的必要性，同时说明如何通过看数据的方式判断局势。进而我们通过渠道和终端审计来说明调研工作的开展方式，再说明组织价值审计的目的和方法，最后说明对审计结果如何输出以及对客户价值如何再定义。

【要　　求】读完本章后，应该掌握以下几点。

为什么在不同的产品生命周期中客户价值的体现是相对的。

如何对客户价值实现程度进行审计和挖掘。

价值审计的结果如何形成输出以促进客户价值的提升。

产品价值审计

产品与任何生命一样都有生命周期，因此掌握产品价值衰减的规律至关重要。

我们都了解，市场不是静态的，而是处在不断变化之中，这种变化源于构成市场各方的发展，包括消费者的变化，竞品和替代品的发展等，所以对特定产品的客户价值来说，其价值具有相对性。

从展示价值的三种方法（演示法、对比法、体验法）来说，即使是同样的价值，在多次消费或者演示以后，随着时间的推移，能够带给消费者的新鲜感就会有变化，消费者对价值的感知就会不同。与此同时，竞争对手的产品不断演化，我们能够对比出的价值也在发生变化。认识到客户价值不是绝对的，可以督促我们在营销过程中时刻关注市场局势波动，找到改进的原动力。

产品如同生命一样，具有自身的生命周期，所以我们不得不在不同周期对产品所能实现的价值进行管理。通常的营销中，我们将产品的生命周期分为进入期、成长期、成熟期和衰退期，尽管不同产品的生命周期曲线不尽相同，但从整体发展趋势上可做图12-1所示的理解。

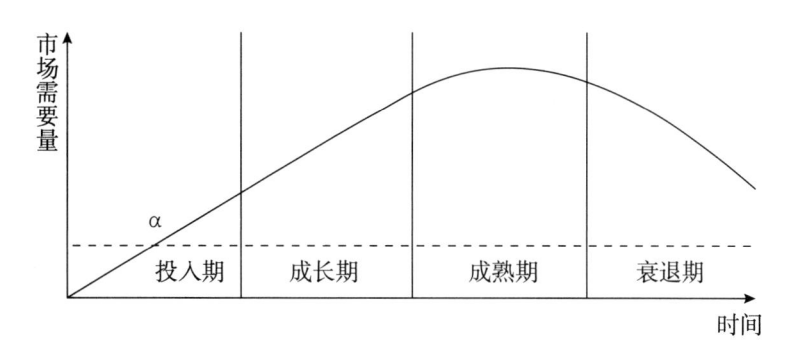

图12-1　产品生命周期示意图

这里很容易弄混淆的是产品生命周期与企业生命周期，比如很多人会问，有的企业已经存在超过四百年，这些企业难道就一定要倒闭吗？在如此长的周期里去谈企业管理有什么价值呢？对此，我们这里更关注的是产品的生命周期，因为一家企业可能不止有一种产品，而且极有可能在经营过程中进行产品的转换。比如曾经的手机巨头诺基亚原是丹麦一家非常出名的木材加工企业，其发展历程中陆续更换了木材、造纸、手机和通信技术几个核心产品。由此我们就很容易理解产品的生命周期与企业的生命周期并不同步，更不是一回事。

但是，不可否认的是，产品的生命周期与企业的生命周期有很强的关联性，许多企业往往会因为过度依靠单一产品，而这个产品又进入衰退期而走向衰落，柯达便是这样一个例子。柯达公司曾是世界上最大的影像产品及相关服务的生产和供应商，业务遍布全球150多个国家和地区，全球员工约80000人。多年来，在影像拍摄、分享、输出和显示领域柯达公司一直处于世界领先地位，但是随着数码技术的崛起及公司自身业务经营不善，柯达公司于2012年1月19日申请破产保护。

从产品层面看，柯达公司昔日的成功和崛起，源于掌握了当时世界上先进的摄像胶卷技术。20世纪70年代中叶，柯达垄断了美国90%的胶卷市场以及85%的相机市场份额，胶卷和胶卷相机自然成了柯达公司最为倚重的产品。以至于尽管1975年柯达公司就研发并制造出世界上第一台数码相机，可是柯达却固执地坚守着传统相机和胶卷领域，拒绝改变。

随着产品生命周期的演变，数码相机在其诞生后的数十年间迅速被人们接受。当亚洲和欧洲一些公司开发出越来越人性化的照相器材，并且把传统的照相器材与现代通信工具有机联系在一起的时候，柯达依然固守传统胶片。但这无法扭转全球胶卷消费市场以每年10%的速度急速萎缩的颓势，直到柯达不得不关闭胶卷工厂。虽然柯达公司最后也顺应潮流，推出了自己的数码相机，但是在对手丛生、消费者选择多样的环境中，显然为时已晚。

我们看到，虽然柯达拥有强大的开发部并且自身技术也有很大的领先性，但由于不能及时将这种领先优势转化为消费者喜欢的产品来满足消费者的需求，无法跟上客户价值的进化速度，随着产品生命周期的变化，最后只得无奈退出数码产品市场的争夺战，并因此影响了企业的生命周期。

在进入期的时候，我们的产品作为市场的新进入者，通常是一个新价值的代表，这个时候可以通过对比、演示等方法说明产品的客户价值，消费者基于好奇的心理，也比较容易接受这种价值。在这个阶段，主要解决的问题是如何快速突破销量，让更多客户进行价值尝试。

一旦进入成长期，面对更广泛的消费群体和原有的组织队伍，业务瓶颈往往会显现出来，服务所能提供的价值通常会减少，影响客户对产品价值的感知，为了保证客户价值，这个时候就要引入价值审计工作。

成熟期和衰退期往往是价值审计的集中阶段。说到这两个阶段客户价值的变化，通常比较容易理解的是那些比较潮流性的产品，具有悠久历史和获得消费者稳定消费习惯的产品，通常会有较长时间的衰退期，以至于我们许多时候甚至会认为这些产品没有衰退期。然而，基于消费者习惯的研究告诉我们，消费者是喜新厌旧的，那些旧产品所能提供的价值不新鲜了仍然会被淘汰，哪怕是一些已经占据了市场主导地位的产品。在产品的成熟期和衰退期，我们可以通过调整客户价值的方式进行营销。所有产品都会面临竞争对手和替代品的竞争，即使是已经获得稳定消费习惯的产品，也需要不断进行价值审计，发现竞争对手和潜在替代者的竞争威胁，找到解决路径，尽可能延长产品生命周期。

在了解了宏观规律之后，在实际操作层面就需要深入了解如何判定产品处在哪个生命周期。

具体的指标包括销量和毛利率。在市场进入期和成长期，毛利率一般相对较高，销量会处在上升趋势中。进入成熟期之后，销量稳定、停滞的同时，随着市场竞争的加剧和价格体系的日趋透明，将会产生毛利率的下滑。当到了衰退期，通常会呈现"鸡肋"的态势，销量下滑不说，整个产品销售缺少利润支撑，这相对比较容易判断。

判断完产品所处的生命周期，就能比较容易地从整体上把握价值审计的工作重点，以进一步了解产生客户价值被满足程度差异的原因，从而有效开展后续工作。

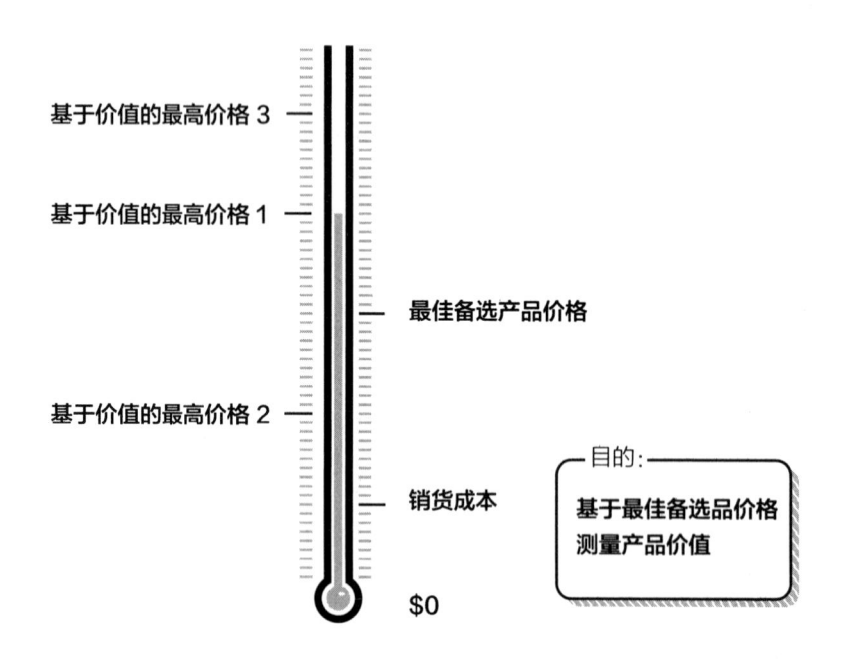

图12-2 价值温度计测量产品价值

如图12-2所示，我们可以对产品的价值与最佳备选产品价格进行评估，评估结果无外乎有三种情况。

情况一，经过价值衰减，基于价值的最高价格已经和最佳备选产品价格相当，则产品已经没有竞争力，这个时候需要价值衍生。情况二，经过价值衰减，基于价值的最高价格已经低于最佳备选产品价格，产品价值为负，产品已经没有竞争力，考虑退出市场或产品改良。情况三，经过价值衰减，基于价值的最高价格还是高于最佳备选产品价格，产品还有竞争力，可以继续在市场上销售。

需要注意的是，产品价值衰减是一个相对的概念，有时，企业产品价值是提升的，但是市场备选产品上升更快，相对而言，也是产品价值衰减。

渠道的调研与价值审计

尽管不同的企业有不同的渠道形态，很难用一个统一的标准来说明，但考虑到渠道和终端审计对过程监控的重要性，我们还是将渠道和终端审计作为一个独立部分来讲解分析，主要说明工作的思路与方法。

对许多企业来说，通过对渠道状况和终端状况的定期审计来对销售过程进行售中控制，已经是惯常使用的方法。因为在目前的市场信息获得情况下，无论是市场调研还是类似AC尼尔森（AC Nielsen）这样的公司，所能获得的数据基本上都是结果数据，对那些希望提前掌握市场动态的企业来说，无法满足需求。这种情况下，企业通过自建组织或者外包的形式进行渠道和终端审计，逐渐形成了趋势。从价值营销理论的角度，通过渠道数据来看营销工作的变化趋势，无论是基于某个点的横断面研究，还是连续的渠道数据监测，都是我们通过数据找原因的一种方法。

大部分消费品企业会根据对渠道和终端的审计来判断实际

情况与我们传递价值时候的设计是否相符。比如在渠道的长度和宽度以及渠道的立体结构方面，可以逐一对标找出问题，一旦这个工作进入销售持续回转阶段之后，便会结合一系列可以反映渠道和终端健康程度的指标来展开。

从渠道指标来看，通常会使用的指标包括各渠道铺货率和渠道维护程度（包括售后和各种服务卡使用）；终端指标则通常包括SKU（Stock Keep Unit，一个库存单元，通常指一个条形码所代表的产品）上架率、陈列比率、回转系数、控价、促销和串货等。

从各渠道铺货率来说，比较容易理解的是在审计的时候，是否达到了价值传递的设计构想，能否用在渠道中的铺货支持较多的终端覆盖。渠道维护程度实际上是对我们实际服务的效果进行考量，包括现在许多企业大量使用的终端服务卡，都是一种有效的管控手段。

关于SKU上架率，需要稍做说明的是，这个指标往往需要根据不同的终端形态进行区分，这个指标的原始意义在于通过对不同终端进行相对数量SKU的上架形成产品与渠道陪衬，并且争取尽可能高的陈列比率。因为我们根据常规思考，会认为一个占据较大陈列面的产品在渠道中会获得相对较高的选择概率，而在不同终端形态中，设定不同的上架标准是为了更有效地进行精准营销，保证产品与那个终端形态下消费者喜好的产品形态相吻合，这也与我们在讲实现价值时要求的产品线规划是一致的。

回转系数、控价和促销这三个指标，通常是为了营造健康的终端氛围。从回转系数来看产品流转速度，保证货架上产品的新鲜和质量合格；从控价来看产品在各个渠道和区域的掌控能力；促销，一方面是要了解促销执行的效果，另一方面是要对促销的费用进行管控，保证厂家的费用能够有目的、有结果地投放。

串货是许多消费品企业都面临的问题，区域之间开发的不平衡，总是很易导致货物流动，在渠道和终端价值审计中引入相应管理动作，实际上是对串货的有效管理，远远好于出了大问题之后在不同经销商之间做裁判员。

对工业品营销来说，由于渠道相对扁平，在渠道和终端价值审计中，往往会更重视终端，通常会从终端的能力与意愿两个层面来进行判断。对于能力指标，通常会根据产品的不同，对终端的仓储、配送、客情和资金几个指标进行评估考量；意愿指标则相对模糊，常通过专营与否、销量占比、投入人力、是否有独立预算这些指标来考量。

仓储、配送和资金指标相对比较容易理解，即对那些仓储和物流特征明显的产品，客户的仓库面积、配送车辆多少，都是相对比较重要的指标，当涉及资金流转的时候，资金也会是一个比较关键的因素。客情关系通常难以量化考核，在许多产品营销中，不仅要关注与客户的客情关系，还要关注许多客户购买决策关联方的客情关系，在审计与表述中，通常可以表现为能组织多大范围、多少数量的特定主题活动。

是否专营或者在销售份额中的占比，通常会以结果为导向，反映终端的推销意愿；实际投入的人力精力和是否对特定产品有独立的组织和预算是对未来的判断。

在确定了指标之后，工作就成了对确定指标的定期检测，在展开之前，还需要对具体的调研范围进行设定，比如针对特定的渠道或者区域，多久进行一次调研，每次的抽样标准是什么，等等。

表12-1是我们做的一个模板，对各类市场进行区域分级，并对不同的渠道形态进行定义划分。具体工作中，可以先确定样本数，再根据产品特性确定审计指标，形成记录表格，安排人员进行记录，从而可以有效控制审计工作。基于审计得到的数据，还应形成持续定期的数据分析，从数据变化中找到市场演化趋势，以便进行更深入的分析。

表12-1 渠道及区域抽样表

渠道形态	渠道定义	甲级区域	乙级区域	丙级区域	丁级区域	备注
A渠道样本数						
B渠道样本数						
C渠道样本数						
合计						

顾客价值感知审计

我们通常认为销量等于能够掌控的终端数与单个终端销量的乘积，这种情况下，通过渠道覆盖更多的终端，以及通过对消费者的拉动保证每个终端的健康，就构成了销售的两大动因。

无论我们的产品是否发生变化，客户所感知到的价值在不同的时间段是不同的。一方面是因为很多价值是依靠对比产生的，比如我们相对竞品提供了更强的功能，在特定阶段是一项优势，但如果竞品进行了改进，那么这项对比性优势就会发生变化。另一方面来说，产品概念的持续强化，既有可能让消费者产生更强的记忆，也有可能让消费者产生概念疲劳，从而使产品丧失吸引力。这种情况下，一是要做好产品细分，不断通过新的产品做到多细分市场的全覆盖；二是要了解消费者对产品概念产生疲劳的原因。例如拜唐苹（阿卡波糖片）作为一种降血糖的药物，原有的概念在传播过久之后对消费者丧失了吸引力，重新定义为控制餐后血糖，就又能在新一轮市场细分中对消费者的心智模式重新占领，从而解决了概念疲劳的问题。

当然，最终我们还是要归结到产品本身，可以通过好的设备和工艺，保证产品的稳定性。可是又有一个问题，我们很难控制服务的一致性，不同的服务同样会影响客户感知的价值。这种情况下，最好的办法就是定期对客户感知价值进行监测，了解客户感知价值的变化。

从调研步骤来说，第一步仍然是确定测量指标和问卷设计。对大多数消费者的感知价值，并不能有一个量化的表达，这个时候，还需要设计评价量级，让客户按照区间进行选择，最终得到可以量化的数据。

在问卷设计方面，应当根据我们检测的价值点进行维度细分，从物理价值、心理价值和效率价值不断分解到消费者可以直观感受的问题，并按照能让消费者比较舒服的方式进行排序设计。

这里面需要重点说明的有三点，一是对消费者疑虑的排除工作；二是对目标群体的筛选工作；三是试用问卷。消费者疑虑主要是一些消费者不了解填写问卷的原因，必须清除疑虑之后才有可能认真填写，因此可以在问卷上方或者以口头的方式说明调研原因以及保护隐私条款。对目标群体的筛选，可以避免调研对象按照某种特定的方式填写问卷而造成数据失真，这主要是出于保证数据的客观有效的考虑。试用问卷则是为了整体的时间控制和保证个体注意力的集中，一份过长或者设计过于跳跃的问卷，通常很难达成好的调研效果。

第二步是抽样设计，与渠道和终端调研中的抽样设计不一样，在消费者抽样中，要使用对消费者进行细分的方法，比如可以按照消费金额的不同，也可以按照需求产品类型的不同。

第三步就可以开展调研了，使用设计好的问卷对特定的客户群体展开调研，必要时，可以采用不记名的方式。对收集到的数据，进行统计、分析，形成调研报告。

对竞品与我们之间的差异点，除了了解消费者感知到的差异，还应保持随时收集竞品信息的习惯。这项工作通常由销售一线人员来完成，营销部、市场部的人员也应保持这种走访市场、了解竞品信息的习惯。通过采集竞品信息，对竞品的产品特征、使用方法和价格体系进行对标分析，找到变化和发展趋势，才能做到知己知彼百战百胜。

组织价值审计

组织价值审计的目的是增加组织的价值和改善组织的经营，组织价值审计是通过系统化和规范化的方法，评价和改进组织的风险管理及组织的控制和治理的过程。为组织增值是组织价值审计的重要发展趋势。

组织价值审计为组织增值主要有三个方面，在公司治理领域为组织增值；在公司内部控制领域为组织增值；在风险管理领域为组织增值。

在公司治理中，通过组织价值审计，积极发挥监督、评价与咨询等作用，改善企业的治理结构和治理机制，及时发现问题并提出解决建议，督促管理层承担责任、提升绩效。

在内部控制领域，组织价值审计帮助内控部门建构内控体系，并推动内控体系的运行，评价与报告内控实施的效果与效率，从而完善内控机制。

在风险管理领域，随着内外部环境的日趋多样性和复杂性，风险管理逐步成为公司管理活动的重要组成部分。

在营销领域，组织价值审计要重点注意以下几个方面。

第一，要注意营销预算的审计。是否完成营销预算关系到企业经营目标的实现。营销预算审计基本通过每月对标、每季评审、半年总结和年度结算四个环节落实。

第二，要注意营销制度的落实审计。各种营销制度和营销动作是否落地直接关系到营销结果，有制度没落实制度形同虚设，有动作没落地也是徒劳无功。比如在展示价值阶段，规划了具体的标杆客户和标杆市场目标，如果没有建设，则一切就成为空谈。

第三，要注意营销队伍的审计。这个工作重点从任职素质模型出发，审计任职资格和岗位匹配度，当然也要注意学力结构和年龄结构，防止团队老化。

价值审计和价值衍生

在整个价值审计过程中，有一种情况是对审计结果漠视，这是最大的浪费。通过组织的系统工作得到了很多数据后，更需要我们认真对待输出结果，形成改进方案。

对大部分组织而言，对审计结果进行系统分析，都不是某一个部门的工作，比较好的办法反而是将这项工作变成一把手工程。营销部在这个工作阶段，应对具体的调研过程和结果进行详细描述，说明各项数据和观点产生的背景。针对客户反馈的产品和服务信息，销售部和生产部除了找到自身工作的改进点，还应认真对类似可能出现的问题进行预防。研发部也应对相应的客户价值变化做出技术上的分析，判断是否有找到新的客户价值的机会。采购部则可以根据掌握的供方信息，对相应工作提出意见。

通过分析审计结果，有时可以发现新的机会，从而对产品概念重新定义。这种情况通常是在审计过程中，消费者或者渠道商提出了新的价值诉求，这种价值诉求可能是我们在概念设计时没有留意到，但通过产品的使用被发掘出来的价值诉求。消费者在长期的使用过程中，经常会发现并非产品设计时预设的功能。比如伟哥开始的设计功能是治疗心脑血管疾病，却在被使用时发现了其一些设计者自己都并不了解的功能和价值诉求。

还有一种常见的情况是通过分析价值审计结果发现我们产品的客户价值发生了衰减。发生这种情况时，要结合具体的情况深层次分析原因，进而找到合适的解决路径。常见的路径一是考虑用新产品或者新概念进行替代；二是用活动激活价值，找到更多消费群体。

路径一是惯常的思路，当我们的产品已经失去了原有的客户价值，就要想办法开发新产品或者新概念，比较折中的办法是进行产品的升级换代或者改进，从而使客户价值获得提升。

很多时候，尤其是在心理价值层面，客户价值并不一定完全是以新产品的方式来激活的，新的概念同样可以。比如曾经被淘汰的"飞跃球鞋"，它被认为已经失去了客户价值，但经过二次设计，通过激活新概念找到新的消费群体，也就重新找到了产品新的客户价值。

无论采用哪种路径选择切入方案，形成价值衍生，首要的都是分析产生价值偏差的原因。以本章洽洽瓜子再度激活中国台湾市场的案例来说，判断产品生命周期所处阶段依靠的是销售数据和毛利率数据，分析原因靠的是对渠道的调研及对消费者的访谈，通过这一系列工作发现问题的重点在于核心消费群体年龄老化，原先的核心消费群体消费力下降，新的消费群体消费习惯不成熟，由此就不难选择具体衍生价值的路径。

切入价值循环链只是价值营销工作的一个起点，在随后的时间里，实际上有一个不断螺旋式上升的营销过程，在这个过程中，我们要认清营销工作中可能存在的问题与困难，还要不断提高组织的价值营销水平，从而打造一个能够不断提高客户价值实现程度的组织。

在我们的价值循环中，我们从选择价值开始讲起，到实现价值、展示价值、传播价值、增加价值，再到审计价值，实际上描述了一个按照正常工作进展顺序严格环环相扣的过程。即使是对第一次接触价值营销的组织，从任何一个环节进入之后，都可以接着展开下一步的工作，难度并不是很大。

对在何时切入价值营销的哪个环节，既可以由专门的部门，比如营销部来决定，也可以由高管决定是否通过对现有的客户价值满足程度进行审计来展开。对那些第一次接触价值营销却已经运营了一段时间的组织来说，我们建议从审计价值这个环节展开，尚处在筹建规划阶段的组织，则可以直接从选择价值的环节切入进去。

【案例讨论】洽洽瓜子中国台湾市场再激活

问题

从2001年开始，洽洽瓜子飞速发展，并进入了中国台湾市场，2002年爆发式增长，2003年，市场开始出现下滑趋势，到了2004年，市场严重下滑。对销售下滑的原因分析，台湾代理商不断强调这是一个产品在市场新鲜度下降后的正常现象，对比数据，洽洽台湾代理商控制的终端数量已经从7000多个提升到了10000多个，市场调研数据也显示，虽然销量在这期间发生了下滑，但铺货率实际是提升的。出现销量下滑，原因出在产品、消费者和品牌建设三方面。

一是2002年决策推广新产品玉环豆，大部分资源被这个产品牵制了，对香瓜子的关注反而不够。二是消费者在接触香瓜子的前两年普遍反馈洽洽香瓜子口感好、味道香，但经过两年，台湾市场的竞争对手盛香珍、翁财记等在加工工艺、配方、包装等方面都有改进，消费者已经对洽洽的产品产生了审美疲劳，更为严重的是市场调研发现洽洽的消费者存在着严重的年龄结构老化现象，年轻人并不喜欢香瓜子这种带壳、食用不方便、看起来比较老式的产品。三是过去两年为了在渠道上推广，大部分市场投入都用在了进场费用上，而在品牌投入上相对较少，造成了消费者对洽洽品牌概念的认知模糊，许多消费者仅依靠包装辨识产品，这一点造成了消费者流失。

对代理商的分析，洽洽销售负责人并不是不能理解，然而每一年的市场投入资源是有限的，如果不能用老产品的利润对新产品进行推广，最终将形成单品销售的局面，市场风险更大。玉环豆的推广，最初并未充分考虑台湾消费者对油炸食品的态度，推广两年仍然无法形成实际的销量贡献。放弃的话，前面的投入前功尽弃，不放弃的话，依靠香瓜子产品的利润支撑两个产品的推广又更加力不从心。无论如何，面对这样下滑的业绩，必须迅速找到解决办法，否则就只能放弃这个市场。

价值审计与分析

为了验证相关信息，洽洽销售团队一行人在未通知代理商的情况下，自行安排走访了台湾市场。在实际的店铺走访和与消费者的沟通中，调研团队发现，洽洽进入台湾市场初期明显的产品优势确实已经随着竞争对手的进步弱化了，竞争对手都已经根据洽洽的包装样式重新设计了纸袋包装，产品的口味也已经不分上下。在对店员的问询中也发现，洽洽瓜子的购买者多是中老年女性，年轻人在一阵消费热潮之后，并没有像预期的那样产生持续的消费热情。消费者对洽洽的蚕豆产品更是知之甚少。

对市场上的所见所闻，再结合事先掌握的一些数据，洽洽销售团队使用安索夫矩阵展开了积极讨论（如图12-3所示）。

大家对整个市场的发展趋势进行了复盘。

（1）洽洽香瓜子因为独特的产品价值，前期在台湾市场竞品中迅速突围，形成了爆发式增长，然而竞争对手通过模仿包装、改进工艺已经使这种优势不再明显，这个时候消费者的新鲜感下降，产生审美疲劳，造成市场下滑。

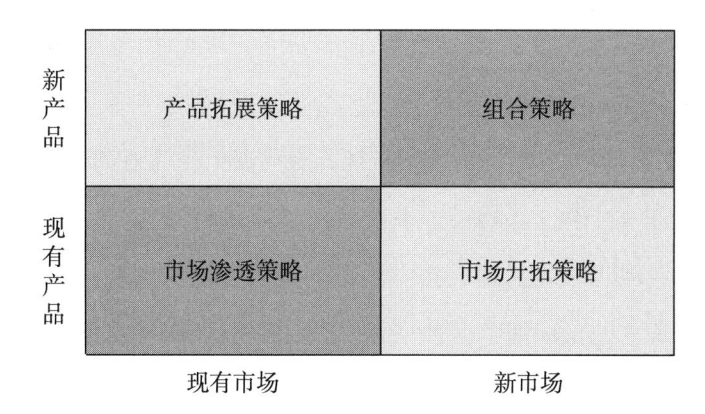

	现有市场	新市场
新产品	产品拓展策略	组合策略
现有产品	市场渗透策略	市场开拓策略

图12-3　安索夫矩阵

（2）在先前的营销策略中，计划通过在现有市场中加入新产品的方式持续扩大销售规模，但玉环豆产品推广不力，并没有达到预期效果。

（3）洽洽瓜子的主流消费人群年龄偏大，可以预期，促进市场增长的方法包括在这部分人群中继续推广新产品，通过提高铺货率进行市场渗透，或者用老产品开拓新的消费群体，扩充核心消费群体。

带着这些想法，洽洽销售团队与台湾代理商统一了意见：暂时停止玉环豆产品在进场费用方面的投入，用已经被台湾市场消费者接受的老产品作为主要武器，一方面通过市场渗透、渠道精耕提高铺货率，另一方面开发相对年轻的消费群体，开拓更大市场。

行动再激活

目标已经确定，那么该如何行动呢？调研数据显示：当时30岁到49岁的核心消费者，主要购买场所为超市和量贩店，而目标顾客，即20岁到29岁的消费者，购物的主要场所为便利店。据此，洽洽新增了135克规格（相对较小包装）的产品在7-11、全家、OK几个系统做进场，便利较年轻的消费者。

另一方面，计划结合消费者的爱好进行活动推广，突出品牌，在现有产品基础上提供给目标消费者渴求的客户价值。什么才是这些目标消费者所期望的价值呢？还需要从他们的生活习惯开始研究（如表12-2所示）。

表12-2 目标消费者的生活习惯

	常从事的活动与兴趣（可多选）								
	全体	男	女	13~14岁	15~19岁	20~29岁	30~39岁	40~49岁	50~59岁	60~64岁
样本数/人	2000	989	1 011	79	189	457	440	448	298	89
看电视/%	83.20	82.50	83.90	88.60	84.10	83.20	80.00	81.00	87.90	87.60
聊天/%	48.40	48.80	47.90	40.50	44.40	49.70	47.50	47.50	50.30	58.40
上网/%	38.60	44.30	33.00	68.40	73.50	67.00	39.30	17.40	7.00	1.10
听音乐/%	37.30	34.40	40.10	54.40	59.30	52.30	35.90	26.60	20.80	13.50
逛街/%	33.80	20.80	46.40	22.80	40.20	42.50	38.40	28.10	26.20	15.70

在对特定年龄段的消费者研究中，发现比较有消费能力的20岁到29岁的消费者上网时间较长。那么他们希望得到什么新的价值呢？

进一步的调研数据显示，这部分目标消费群体对旅行一类的活动有着比较大的兴趣（如表12-3所示），所期望旅行的方式也各不相同（如表12-4所示），他们的上网和通信工具逐年也有变化（如表12-5所示）。

表12-3 消费者目前不常做但未来想做的活动

目前不常做但未来想做的活动（可多选）	全体	男	女	13~14岁	15~19岁	20~29岁	30~39岁	40~49岁	50~59岁	60~64岁
样本数/人	2 000	989	1 011	79	189	457	440	448	298	89
国外旅行/%	52.90	50.10	55.60	32.90	42.90	57.30	54.30	51.80	57.70	50.60
国内旅行/%	31.20	29.00	33.20	32.90	31.20	35.70	28.60	28.60	30.50	33.70
登山或健行/%	16.20	18.70	13.70	8.90	9.00	10.90	17.00	21.20	20.50	21.30
美食/%	13.60	12.70	14.40	16.50	13.80	12.90	13.60	14.10	13.40	12.40
逛街/%	10.10	9.70	10.40	19.00	11.10	10.10	13.00	8.00	7.00	5.60
郊游、烤肉、露营/%	10.00	10.20	9.80	12.70	15.30	13.10	9.10	8.50	7.00	2.20

表12-4 消费者期望的旅行方式

期望的旅行方式（可多选）	全体	13~14岁	15~19岁	20~29岁	30~39岁	40~49岁	50~59岁	60~64岁
样本数/人	236	5	9	50	62	55	41	14
旅行社跟团/%	64.40	80.00	66.70	62.00	62.90	54.50	73.20	85.70
自助游/%	26.30	20.00	22.20	30.00	27.40	27.30	24.40	14.30
旅行社部分代办/%	11.00	0.00	11.10	12.00	12.90	14.50	7.30	0.00

表12-5 消费者上网或通信产品使用情况

上网或通信产品使用情况						
年份	2002	2003	2004	2005	2006	2007
样本数 / 人	1344	1344	1344	1344	2000	2000
家中拥有电脑 /%	—	—	72.50	77.10	81.80	86.20
家中拥有笔记本电脑 /%	—	—	7.90	11.00	11.90	13.60
个人拥有手机 /%	77.30	82.30	84.70	87.00	90.90	92.20

根据调研结果，洽洽从2005年开始进行持续的品牌活动规划，活动主题都面向年轻消费者。先从各个消费群体都比较容易感知价值的"金首饰"开始，逐步向满足家庭需求的"大吃液晶"推进，进而转向更受年轻人喜欢的"好wii到"（任天堂的一款游戏机），再转向年轻人群体活动"好友去"（好朋友一起去旅行，与"好有趣"谐音）。

效果

在洽洽连续三年的活动推广中，变化的是奖品，不变的是两种平行的参与方式，在充分考虑原有一部分消费者通过邮件参与活动的同时，再发动网络参与和传播，选择目标消费人群比较喜欢的促销形式，进行持续推广，取得了市场增长，并延长了产品的生命周期。

2007年、2008年和2009年，洽洽的销量不断回增，结合价格的上调，已经重新达到了2002年前后巅峰时期的销量规模。

产品历史

炒货是中国传统休闲食品，通常以果蔬籽、果仁、坚果等为主要原料，添加或不添加辅料，经炒制、烘烤（包括蒸煮后烘炒）、油炸、水煮、蒸煮、高温灭菌或其他工艺加工制成。

在相当长的一段时期内，我国坚果炒货食品延续传统手工制作的生产模式，直到20世纪90年代，炒货产品进入快速发展期，开始广泛普及工业化生产。

进入21世纪，炒货产品迎来了多元化发展阶段，各种原先未曾使用过的原料开始进入炒货领域，包括开心果、大杏仁、碧根果和腰果等。

随着总体经济形势的快速发展，行业的规范化和行业增长相辅相成，坚果炒货行业快速发展。有数据显示，2005年到2009年坚果炒货行业销售收入分别约为197亿元、218亿元、244亿元、280亿元、322亿元，年复合平均增长率为13.06%（如图12-4所示）。

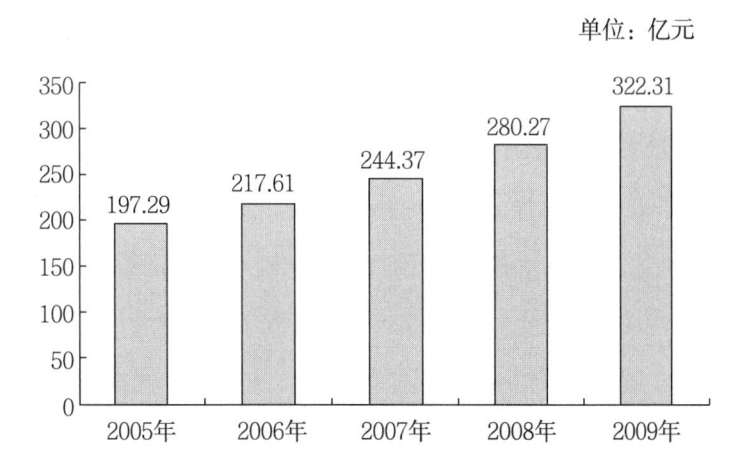

单位：亿元

年份	销售收入（亿元）
2005年	197.29
2006年	217.61
2007年	244.37
2008年	280.27
2009年	322.31

图12-4 2005—2009年全国坚果炒货行业销售情况

洽洽公司发展历程之单产品突破阶段

洽洽食品股份有限公司的前身为合肥华泰食品有限公司，创建于1995年，创办初期主营饮料，通过生产"棒棒冰""果酸奶"等饮料产品完成了资本的原始积累和销售网络构建。

1998年前后，企业瞄准炒货市场准备进入，为了能够在市场上凸显竞争优势，企业针对客户价值采取了三项创新性措施，一是采用煮制新工艺；二是针对渠道特点进行开箱奖的投放；三是不同于当时主流的塑料袋包装，使用牛皮纸袋包装。这里要特别说一下纸袋包装，这种包装具有浓郁的传统风格，复古包装可以引起消费者儿时的消费记忆；中式竖信封的设计，色彩强烈的红黑手写字体，再配上一段洽洽诞生的传奇故事，以及对"百煮口口香、香口不脏手"的卖点说明，都使这个包装更醒目、典雅，传递的传统文化气息也满足了消费者对传统食品的心理价值需求。

通过这些优势的支持，洽洽香瓜子一经上市便引起了轰动，迅速成为香瓜子产品中的"老大哥"。

洽洽公司发展历程之多产品围攻阶段

洽洽香瓜子成为炒货行业中的翘楚之后，洽洽的脚步并未停下，而是不断寻找多产品走路的可能。在香瓜子之后，洽洽又持续推出了蚕豆、小片西瓜子、煮制花生、大片西瓜子和茶瓜子等产品，通过差异化竞争的方式不断扩大市场份额。

在小片西瓜子市场，当时市场上占主导的产品采用传统大包装，洽洽在市场调研中发现不少消费者反映一次性吃不完的瓜子很容易受潮，口味变得不好。对此，洽洽在推广"小而香"系列西瓜子时，选择使用更为贴心的袋中袋包装方式，即每个大袋中有许多独立小袋包装，由此赢得了更多消费者的青睐。还有独立小包装产品，消费者可以一次买几小包不同口味的瓜子，品尝不同风味的系列产品。同时，独立小包装更省空间，便于携带，更加适合白领和年轻女性消费者。通过包装方式的差异化，洽洽"小而香"西瓜子很快就成了小片西瓜子市场上的突出产品。

在多产品围攻阶段，洽洽通过差异化的竞争手段，在炒货行业中的诸多品类中占据了竞争优势。

洽洽公司发展历程之市场细分覆盖阶段

在不断进取的同时，洽洽也面临着竞争对手的威胁。比如随着香瓜子产品的风行，市场上出现了许多新产品，除了模仿洽洽的包装风格之外，多是通过细分品类的方式进行市场切分，比如一时之间出现了"奶香""生香""原香""清凉"等许多细分品类。面对这些细分品类的进攻，洽洽香瓜子不断推出新的口味，从产品线侧翼进行保护，持续占据和巩固洽洽在香瓜子产品市场中的地位。

面对炒货食品原料日趋丰富、产品不断跨界发展的趋势，洽洽也不断扩充产品线，从消费者角度出发，对细分市场进行覆盖。比如针对消费者日渐提高的消费能力，洽洽着重开发了更适高档坚果产品。

以开心果产品为例，众多厂家为了让产品更加美观而进行产品漂白，洽洽食品则开发了"原味不漂白"的开心果产品，从关心细分人群对健康的诉求开始形成产品概念，进而推广并引领了开心果产品的消费趋势变革。通过这样循序渐进的经营，小小瓜子已经做成了大型上市企业。

【思考与讨论】

　　1. 在坚果这个传统食品领域，洽洽是如何做到快速发展的？

　　2. 传统产品是否也有生命周期问题，该如何管理这些产品的生命周期？

　　3. 产品进入衰退期与哪些客户价值的变化有关？对处于成熟期或衰退期的产品，能通过哪些动作激活客户价值？

参考资料

[1] 亚德里安·斯莱沃斯基,大卫·莫里森,劳伦斯·艾伯茨,等.发现利润区[M].凌晓东,刘文军,张春子,等译.北京:中信出版社,2003.

[2] 亚德里安·斯莱沃斯基,大卫·莫里森,特德·莫泽,等.利润模式[M].张星,等译.北京:中信出版社,2002.

[3] 詹志方.营销思维脑扫描[M].北京:北京大学出版社,2012.

[4] 吉姆·柯林斯,杰里·波勒斯.基业长青[M].真如,译.北京:中信出版社,2006.

[5] 吉姆·柯林斯.从优秀到卓越[M].俞立军,译.北京:中信出版社,2009.

[6] 蔡文.创意的革命[M].北京:科学出版社,2010.

[7] 菲利普·科特勒,何麻温·卡塔加雅,伊万·塞蒂亚万.营销革命3.0[M].毕崇毅,译.北京:机械工业出版社,2011.

[8] 李敬.价值营销[M].成都:西南财经大学出版社,2007.

[9] 邹新华.百炼成王:向王阳明学企业经营与管理[M].北京:企业管理出版社,2017.

致谢

现代商战酷似冷兵器时代的战争，目的都是希望通过战争成为王者。但是，两者实现的路径并不相同。冷兵器时代的战争是通过消灭对方有生力量形成优势，从而使自己成为胜利者；现代商战是通过自我壮大形成比较优势，从而使自己成为胜利者。当然，现代商战也有通过消灭对方有生力量取得胜利的案例，但往往有违商业伦理，即使成为胜利者，也会为人唾弃。

既然是要通过比较优势成为胜利者，在现代商战中，每家企业都希望拥有一个法宝，这个法宝一亮，就能实力大增，形成优势。企业经营中是否存在这样的法宝呢？带着这样的问题，我一路思考，因此有了本书的诞生。

究竟什么是企业制胜的法宝呢？

我的唯一答案就是——客户价值！

看似一个非常简单的答案，却是一段漫长的心路历程和煎熬的思想蜕变。除了要完成不算轻松的日常工作，还要完成本书的撰写，不是一件易事。为了保证质量，我几易其稿，跨度超过五年，本书得以出版，除恒心在支持我之外，更得到了很多人的关心和支持。

首先要感谢的是我的妻子Jane，是她揽下全部家务，让我得以全身心投入，她经常为我整理手稿，没有她的帮助，很难相信我可以完成本书。

另外，我要谢谢邢露先生和王建华先生，他们不仅给本书企业案例的写作提供了很多素材，还给本书提供了很多有价值的建议，经常让我有醍醐灌顶的感觉。

还要谢谢我的老同事们，他们是曾绍鹏、肖九明、胡天仁、曹建波等。他们不仅在日常分担工作，而且是本书理论的实践者和传播者。

特别感谢中欧国际工商管理学院，商学院的系统学习让我从基于目标的混乱管理体系，提升到基于战略的系统管理体系，我的思考能力获得了根本的改变。

另外，我也要感谢我的儿子Kim和女儿Lulu，他们都很可爱、很乖，省却了我很多劳心劳神的教育工作，除完成学业外，他们偶尔还给我熬一些心灵的鸡汤，疲劳之时，饮之有益。

还有很多关心和支持我的朋友和师长，是你们的关心与鼓励，让我坚持下来，并终于出版本书，在此一并表示感谢。